無対価組織再編・資本等取引の税務

公認会計士
佐藤信祐 [著]
Sato Shinsuke

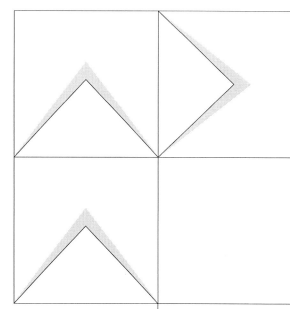

中央経済社

無対価組織再編・資本等取引の税務

　グループ内で無対価取引を行った場合には，一方の法人において寄附金として損金の額に算入されない一方で，他方の法人において受贈益として益金の額に算入されるため，平成22年改正前法人税法が適用されていた時代では，グループ内で無対価取引を行うことはほとんどなく，適正な取引価額により取引を行うことが一般的でした。

　しかし，平成22年度税制改正によりグループ法人税制が導入され，法人による完全支配関係がある場合には，受贈益の益金不算入が認められるようになりました。その結果，平成22年度税制改正前では，想定されていなかった無対価取引が可能となり，実務で活用されてきました。そのような背景から，平成23年度に，松村有紀子氏と共著にて，『グループ法人税制における無対価取引の税務Ｑ＆Ａ』を出版いたしました。

　その後の平成30年度税制改正では，無対価組織再編について，さらなる緩和が行われました。この改正により，無対価組織再編がやりやすくなったと言われており，実際に，無対価組織再編についての質問も増えています。こうした傾向を受け，自己株式の取得やスクイーズアウトのような他の取引においても，無対価取引を行うことを検討することが増えてきました。

　なお，無対価取引には，平成22年度税制改正，平成30年度税制改正による緩和の影響を受けない取引もあることから，このような取引に対しては，無対価取引を理解する前に，非時価取引を理解する必要があります。

　そのため，無対価の組織再編・資本等取引について体系的にまとめることの必要性を感じ，本書の刊行に至りました。本書が，組織再編・資本等取引に携わる実務家の方々のお役に立つことができれば幸いです。

　本書は，令和元年６月１日時点で公表されている本法，施行令，施行規則をもとに解釈できる範囲内での私見により編集しました。特に，本書では，実務

II

上の判断が難しい箇所にまで踏み込んで議論を行っていますが，個別の事実関係によって結論が変わってくることも考えられます。そのため，実務においては，個別の事実関係をもとに，税務専門家の意見または課税当局の見解を確認し，慎重に対応されることをお勧めします。

　また，本書においては，以下の内容については，これらに係る規定の適用を受けない方々に無用の混乱を招く可能性があるため，解説を省略していることをあらかじめご了承ください。

① 連結納税
② 国際税制
③ 組合税制，信託税制などの事業体税制
④ 持分会社（合名会社，合資会社，合同会社）に係る取扱い
⑤ 公共法人，公益法人等，協同組合等，人格のない社団等，資本または出資を有しない法人のような特殊な法人に係る取扱い
⑥ その他の特殊な取扱い

　本書の執筆に際して，森彩氏，中村彩乃氏，皆川祥子氏にご協力をいただきました。この場を借りて感謝いたします。

　最後になりましたが，本書を企画時から刊行まで担当してくださった株式会社中央経済社の末永芳奈氏に感謝を申し上げます。

令和元年6月

公認会計士
税 理 士 佐 藤 信 祐

【凡例】

国税通則法	国通法
国税徴収法	国徴法
法人税法	法法
法人税法施行令	法令
法人税法施行規則	法規
法人税基本通達	法基通
所得税法	所法
所得税法施行令	所令
所得税基本通達	所基通
相続税法	相法
相続税法基本通達	相基通
登録免許税法	登免法
消費税法	消法
消費税法施行令	消令
租税特別措置法	措法
租税特別措置法施行令	措令
地方税法	地法
地方税法施行令	地令

※本書の記述は，令和元年6月1日現在の法令等に依ります。

目　次

§1　無対価取引における基本的な取扱い

1 ┃ 法人税 ………………………………………………………… 2
　1　概要 ………………………………………………………… 2
　2　寄附金および受贈益の定義 ……………………………… 4
　3　完全支配関係の判定 ……………………………………… 5
　4　寄附修正事由 …………………………………………… 14
　5　非時価取引 ……………………………………………… 21
　6　無対価取引 ……………………………………………… 28
　7　無利息貸付け …………………………………………… 29
　8　特定同族会社等の留保金課税 ………………………… 29

2 ┃ 所得税 ………………………………………………………… 31
　1　法人に対する金銭の贈与 ……………………………… 31
　2　法人に対する無償による資産の譲渡 ………………… 33
　3　法人に対する無利息貸付け …………………………… 34
　4　法人からの金銭の贈与 ………………………………… 35
　5　法人からの無償による資産の譲渡 …………………… 35
　6　法人からの無利息貸付け ……………………………… 36
　7　発行法人が他の法人から贈与を受ける場合 ………… 36
　8　金銭の配当 ……………………………………………… 37
　9　現物分配 ………………………………………………… 37

3 ┃ 贈与税 ………………………………………………………… 39
　1　個人から贈与を受けた場合 …………………………… 39
　2　発行法人が他の個人から贈与を受けた場合 ………… 39

|3|　発行法人が他の法人から贈与を受けた場合……………………40

|4|　消費税……………………………………………………43
　1　課税対象取引の範囲…………………………………………43
　2　資産の低廉譲渡取引…………………………………………43

|5|　その他の税目………………………………………44
　1　不動産取得税…………………………………………………44
　2　登録免許税……………………………………………………44
　3　納税義務の承継………………………………………………45

|6|　こんな場合どうなる？　Q＆A…………………46
　Q1−1　議決権制限株式の取扱い……………………………46
　Q1−2　任意組合が発行済株式の全部を保有している場合………47
　Q1−3　親会社が匿名組合契約を結んでいる場合………………48
　Q1−4　子会社が匿名組合契約を結んでいる場合………………49
　Q1−5　持合株式の取扱い……………………………………50
　Q1−6　贈与を行った後に株式譲渡を行うことが見込まれている場合………………………………………………52
　Q1−7　贈与の直前の資本移動により，完全支配関係が形成された場合………………………………………………53
　Q1−8　新株予約権の取扱い…………………………………54
　Q1−9　子会社に対して贈与を行った後に配当を行った場合……55
　Q1−10　子会社に対して贈与を行った後に合併を行った場合……58
　Q1−11　子会社に対して贈与を行った後に清算した場合…………60
　Q1−12　親会社に対して贈与を行った場合…………………………62
　Q1−13　兄弟会社に対して贈与を行った後に清算した場合………63
　Q1−14　子会社に対して債権放棄を行った後に，グループ外の法人に対して子会社株式を譲渡した場合………………………66
　Q1−15　子会社に対してDESを行った後に，子会社株式を譲渡した場合…………………………………………………70
　Q1−16　子会社に対して増資を行った後に，子会社株式を譲渡

目　次　*iii*

　　　　　　した場合 ……………………………………………………………*72*
　　　Q1-17　孫会社から子会社に対して贈与を行った後に，子会社
　　　　　　株式を譲渡した場合 …………………………………………*76*
　　　Q1-18　子会社から孫会社に対して贈与を行った後に，子会社
　　　　　　株式を譲渡した場合 …………………………………………*78*

§2　資本等取引

1 ｜ 株式譲渡 ……………………………………………………………*82*

　1　低廉譲渡 ……………………………………………………………*82*

　2　高額譲渡 ……………………………………………………………*83*

　3　無償譲渡 ……………………………………………………………*85*

2 ｜ 自己株式の取得 ……………………………………………………*86*

　1　時価による取得 ……………………………………………………*86*

　2　低廉取得 ……………………………………………………………*87*

　3　高額取得 ……………………………………………………………*89*

　4　無償取得 ……………………………………………………………*93*

3 ｜ 自己新株予約権の買取り ……………………………………………*99*

　1　時価による買取り ……………………………………………………*99*

　2　低廉取得 ……………………………………………………………*100*

　3　高額取得 ……………………………………………………………*101*

　4　無償取得 ……………………………………………………………*102*

　5　自己新株予約権の処分 ……………………………………………*102*

　6　自己新株予約権の消却 ……………………………………………*102*

4 ｜ 募集株式等の発行 …………………………………………………*104*

　1　有利発行 ……………………………………………………………*104*

　2　高額発行 ……………………………………………………………*110*

　3　無償割当て …………………………………………………………*116*

5 ┃ 新株予約権の発行 ……………………………………………… 117

1　有利発行 ……………………………………………………… 117

2　高額発行 ……………………………………………………… 118

3　無償発行 ……………………………………………………… 119

4　無償割当て …………………………………………………… 119

6 ┃ 資本金および準備金の額の増減 ……………………………… 121

1　準備金の額または剰余金の額の減少による資本組入れ ……… 121

2　資本金の額の減少による資本準備金またはその他資本剰余金
　の増加 ………………………………………………………… 121

3　資本金の額の減少による欠損填補 ………………………… 121

4　準備金の額の減少による欠損填補 ………………………… 122

7 ┃ その他利益剰余金の配当 ……………………………………… 123

1　基本的な取扱い ……………………………………………… 123

2　完全子法人株式等 …………………………………………… 124

3　関連法人株式等 ……………………………………………… 126

8 ┃ その他資本剰余金の配当 ……………………………………… 128

1　発行法人 ……………………………………………………… 128

2　株主 …………………………………………………………… 129

9 ┃ 株式分配 ………………………………………………………… 132

1　概要 …………………………………………………………… 132

2　純資産の部 …………………………………………………… 132

3　株主課税 ……………………………………………………… 135

10 ┃ 現物分配 ……………………………………………………… 140

1　非適格現物分配 ……………………………………………… 140

2　適格現物分配 ………………………………………………… 141

目　次　*v*

§3　組織再編

① 合併 ·· *146*

1　税制適格要件の判定 ··· *146*
2　時価と異なる非適格合併 ·· *151*
3　無対価の非適格合併（対価の交付を省略したと認められない場合） ··· *159*
4　無対価の非適格合併（対価の交付を省略したと認められる場合） ··· *161*
5　時価と異なる適格合併 ··· *163*
6　無対価の適格合併 ··· *166*
7　その他の税目 ··· *166*

② 分割 ·· *168*

1　税制適格要件の判定 ··· *168*
2　時価と異なる非適格分割 ·· *170*
3　無対価の非適格分割（対価の交付を省略したと認められない場合） ··· *173*
4　無対価の非適格分割（対価の交付を省略したと認められる場合） ··· *175*
5　時価と異なる適格分割 ··· *176*
6　無対価の適格分割 ··· *177*
7　その他の税目 ··· *178*

③ 株式交換 ··· *181*

1　税制適格要件の判定 ··· *181*
2　時価と異なる非適格株式交換 ·· *181*
3　無対価の非適格株式交換（対価の交付を省略したと認められない場合） ··· *182*
4　無対価の非適格株式交換（対価の交付を省略したと認められ

る場合）‥‥‥‥‥‥‥‥‥‥‥‥‥‥‥‥‥‥‥‥‥‥‥‥‥‥‥‥‥‥‥‥‥*183*

5　時価と異なる適格株式交換‥‥‥‥‥‥‥‥‥‥‥‥‥‥‥‥‥‥*183*

6　無対価の適格株式交換‥‥‥‥‥‥‥‥‥‥‥‥‥‥‥‥‥‥‥‥*185*

7　その他の税目‥‥‥‥‥‥‥‥‥‥‥‥‥‥‥‥‥‥‥‥‥‥‥‥*185*

4 スクイーズアウト‥‥‥‥‥‥‥‥‥‥‥‥‥‥‥‥‥‥‥‥‥*186*

1　税制適格要件の判定‥‥‥‥‥‥‥‥‥‥‥‥‥‥‥‥‥‥‥‥*186*

2　時価と異なるスクイーズアウト‥‥‥‥‥‥‥‥‥‥‥‥‥‥*186*

5 こんな場合どうなる?　Q&A‥‥‥‥‥‥‥‥‥‥‥‥‥‥*187*

Q3−1　少数株主の排除と適格合併‥‥‥‥‥‥‥‥‥‥‥‥‥*187*

Q3−2　債務超過会社の適格合併‥‥‥‥‥‥‥‥‥‥‥‥‥‥*191*

§ 1

無対価取引における基本的な取扱い

平成22年度税制改正により，法人による完全支配関係のある法人間で贈与を行った場合には，贈与を行った法人において寄附金として損金の額に算入されない一方で，贈与を受けた法人において受贈益として益金の額に算入されないことになった。

本セクションでは，無対価取引を行った場合における税務上の取扱いについて解説を行う。

1 法人税

1 概要

　内国法人から他の内国法人に対して贈与を行った場合には，贈与を受けた法人では，原則として，受贈益として益金の額に算入される。これに対し，贈与を行った法人では，寄附金として処理されることから，損金算入限度額を超える部分の金額は，損金の額に算入することができない（法法37①）。この場合における損金算入限度額の計算は以下の通りである（法令73）。なお，下記のほか，国等に対する寄附金（法法37③），特定公益増進法人に対する寄附金等（法法37④）については，特別の規定が設けられている。

【損金算入限度額の計算】

> 損金算入限度額＝（所得基準額＋資本基準額）×１／４
>
> 　　所得基準額＝所得の金額×2.5／100
>
> 　　資本基準額＝資本金等の額×当期の月数／12×2.5／1,000

※所得の金額とは，法人税確定申告書別表四の仮計の金額に，支出した寄附金の額を加算した金額をいう。

　これに対し，平成22年度税制改正によりグループ法人税制が導入されたことによって，法人による完全支配関係がある場合には，贈与を受けた法人において発生した受贈益は，その全額が益金の額に算入されず（法法25の２①），贈与を行った法人において発生した寄附金は，その全額が損金の額に算入されないことになった（法法37②）。なお，完全支配関係があるかどうかの判定は，それぞれの寄附金の支出の時点で行うことになる（『平成22年度版改正税法のすべて』207頁）。

　しかしながら，広告宣伝費に該当する等の理由で，贈与を行った法人において支出した額が寄附金に該当せず損金の額に算入できる場合には，贈与を受け

§1　無対価取引における基本的な取扱い　　3

た法人においても受贈益の益金不算入を適用することができないという点に留意が必要である。

　この制度が設けられた理由として,「従来の連結法人間の寄附金については,支出側で全額損金不算入とされる一方,受贈側で益金算入とされており,見方によっては内部取引について課税関係を生じさせているともいえる状態でした。そこで今回,グループ内部の取引については課税関係を生じさせないこととする全体の整理の中で,このグループ内の寄附金についても,トータルとして課税関係を生じさせないこととするものです。なお,支出側で全額損金算入し,受贈側で全額益金算入する方法でも,トータルとしての課税はプラスマイナスゼロとなりますが,この方法によると所得の付替えが容易に行えるようになるため,採用されていません。」と解説されている（『平成22年度版改正税法のすべて』206頁)。

　しかしながら,個人による完全支配関係のみがある場合には,上記の特例が認められず,贈与を受けた法人において,受贈益を益金の額に算入する必要がある。贈与を行った法人では,寄附金として処理され,損金算入限度額を超える部分の金額が,損金の額に算入できなくなるが,逆に言えば,損金算入限度額の範囲内であれば,損金の額に算入することができる。

　このように,受贈益の益金不算入の適用を法人による完全支配関係がある場合に限定している理由として,「例えば親が発行済株式の100％を保有する法人から子が発行済株式の100％を保有する法人への寄附について損金不算入かつ益金不算入とすると,親から子へ経済的価値の移転が無税で行われることとなり,相続税・贈与税の回避に利用されるおそれが強いことによります。」と解説されている（『平成22年度版改正税法のすべて』206頁)。

2 ▎寄附金および受贈益の定義

(1) 基本的な取扱い

　寄附金，受贈益とは，寄附金，拠出金，見舞金その他いずれの名義をもってするかを問わず，内国法人が金銭その他の資産または経済的な利益の贈与または無償の供与をした場合における当該金銭の額もしくは金銭以外の資産のその贈与の時における価額または当該経済的な利益のその供与の時における価額をいう（法法25の2②，37⑦）。

　しかしながら，広告宣伝および見本品の費用その他これらに類する費用ならびに交際費，接待費および福利厚生費とされるべきものは除かれている。そのため，贈与を行った法人において繰延資産として処理される広告宣伝費，見本品費（法基通8-1-8）は，寄附金，受贈益には該当しない。

(2) 子会社支援税制との関係

　前述のように，受贈益の益金不算入は，贈与を行った法人において寄附金として処理されるものに限定されている。すなわち，子会社を支援した場合において，親会社で寄附金として処理されないものは，子会社において受贈益として処理されないことから，子会社において発生した債務免除益は，益金の額に算入されることになる。

　親会社において寄附金に該当するか否かという点は，法人税基本通達9-4-1または9-4-2に該当するか否かによって判断することになる。この点につき，『平成22年度版改正税法のすべて』209頁では，「法人がその子会社等の解散，経営権の譲渡等に伴い当該子会社等のために損失負担等をした場合において，そのことについて相当な理由があると認められるときは，その損失負担等により供与する経済的利益の額は，寄附金の額に該当しないものとして取り扱われています（法人税基本通達9-4-1）が，今回の改正は，寄附金の

§1 無対価取引における基本的な取扱い 5

概念を変更するものではないため，この取扱いに影響を及ぼすものではない，すなわち，従来どおり，相当な理由のある損失負担は負担者側の損金及び子会社等の益金となり，相当な理由のない損失負担は寄附として取り扱われることと考えられます。その上で，寄附とされた場合に損金及び益金に算入されるか不算入になるかという部分について改正の影響が及ぶことになります。」と解説されている。

すなわち，法人税基本通達9－4－1または9－4－2の要件を満たす場合には，親会社において発生した子会社支援損失が寄附金として処理されずに，損金の額に算入されるため，子会社において発生した債務免除益を益金の額に算入する必要がある（法基通4－2－5）。

これに対し，同通達の要件を満たさない場合には，親会社において発生した子会社支援損失が寄附金として処理され，損金の額に算入されないため，子会社において発生した債務免除益が，受贈益として益金の額に算入されないことになる。なお，後述するように，この場合には，寄附修正事由が発生することから，親会社において，子会社株式の帳簿価額を修正する必要がある。

3 完全支配関係の判定

(1) 基本的な考え方

グループ法人税制の適用対象となる完全支配関係とは，一の者が法人の発行済株式の全部を直接または間接に保有する場合における当該一の者と当該法人との間の関係（以下，「当事者間の完全支配関係」という。）または一の者との間に当事者間の完全支配関係がある法人相互の関係（以下，「同一者による完全支配関係」という。）をいう（法法2十二の七の六，法令4の2②）。

この場合における「一の者」には，内国法人だけでなく，外国法人や個人も含まれ，特に制限されていない。そのため，一の個人との間に完全支配関係のある法人間の取引であっても，譲渡損金の繰延べ（法法61の13）のようなグ

ループ法人税制の適用対象になる。

　しかしながら、受贈益の益金不算入の適用は、法人による完全支配関係がある場合に限られるため、個人による完全支配関係のある他の法人との取引は、本規定の適用を受けることができない点に留意が必要である。

※厳密には、従業員持株会の株式と、新株予約権の行使により役員または使用人が保有することになった株式との合計額が発行済株式総数の5%未満のものは、発行済株式総数から除いたうえで、完全支配関係の判定を行うことになる（法令4の2②）。その結果、95%超100%未満であっても、完全支配関係に該当することも想定されるが、このような株式は換金性が低いことから、実務上、このようなケースが発生することは稀であると考えられる。そのため、本書では、そのような事案は省略したうえで解説をする。なお、これらの株式があった場合の取扱いについては、国税庁HP「平成22年度税制改正に係る法人税質疑応答事例（グループ法人税制関係）問3『完全支配関係における5%ルール』」を参照されたい。

【当事者間の完全支配関係】

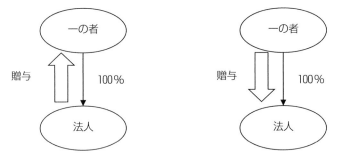

【同一者による完全支配関係】

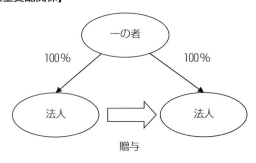

(2) 間接保有

完全支配関係は，直接保有割合だけでなく，間接保有割合も含めて判定する必要がある（法令4の2②）。

① 当事者間の完全支配関係の判定

一方の法人との間に直接完全支配関係がある1もしくは2以上の法人が，他方の法人の発行済株式の全部を直接に保有するときは，当該一方の法人は，当該他方の法人の発行済株式の全部を直接に保有するものとみなして判定を行う。また，一方の法人および一方の法人との間に直接完全支配関係がある1もしくは2以上の法人が，他方の法人の発行済株式の全部を直接に保有するときも，当該一方の法人は，当該他方の法人の発行済株式の全部を直接に保有するものとみなして判定を行う。

※この場合における直接完全支配関係とは，一方の法人が，法人の発行済株式の全部を直接に保有する場合における当該一方の法人と当該法人との間の関係をいう。

(i) A社が「他方の法人」の発行済株式の全部を保有している場合

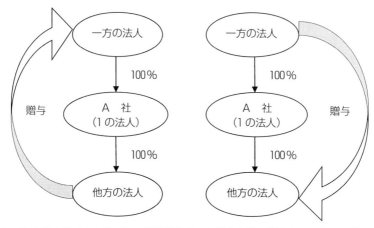

※一方の法人がA社（1の法人）の発行済株式の全部を直接に保有しており，A社がB社の発行済株式の全部を直接に保有しており，B社が他方の法人の発行済株式の全部を直接に

保有している場合のように,「一方の法人」と「他方の法人」との間に連鎖的関係のある法人が複数存在する場合には,法人税法施行令4条の2第2項の文言上,一方の法人がB社の発行済株式の全部を直接に保有するものとみなされるため,B社との間に直接完全支配関係のある他方の法人も,一方の法人により発行済株式の全部を直接に保有されているものとみなされる。そのため,100％曾孫法人に対する贈与に対して,受贈益の益金不算入を適用することが可能となる(国税庁HP「平成22年度税制改正に係る法人税質疑応答事例(グループ法人税制関係)問2『いわゆる〔みなし直接完全支配関係〕』」参照)。

(ii) A社が複数存在する場合

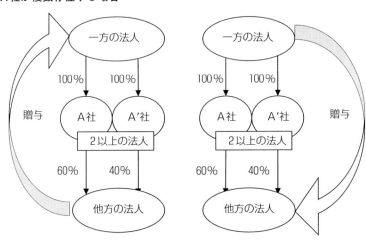

(iii) 直接保有割合と間接保有割合を合算する場合

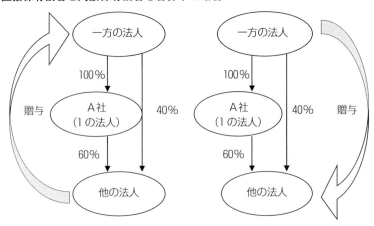

② 同一者による完全支配関係にある場合

　同一の者との間に直接完全支配関係にある1もしくは2以上の法人が，他のそれぞれの法人の発行済株式の全部を直接に保有するときは，当該同一の者は，当該他のそれぞれの法人の発行済株式の全部を直接に保有するものとみなして判定を行う。また，同一の者および同一の者との間に直接完全支配関係がある1もしくは2以上の法人が，他のそれぞれの法人の発行済株式の全部を直接に保有するときも，当該同一の者は，当該他のそれぞれの法人の発行済株式の全部を直接に保有するものとみなして判定を行う。

【同一者による完全支配関係における間接保有】

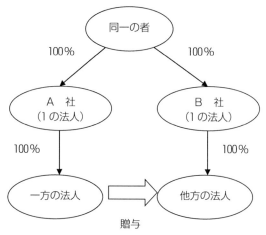

※A社，B社が複数存在する場合の同一の者による完全支配関係の考え方は，①当事者間の完全支配関係と同様である。

(3) 自己株式

　グループ法人税制における完全支配関係は，発行済株式のうち自己株式を除いた株式のすべてを保有しているか否かにより判定することが条文で明記されている（法法2十二の七の六，十二の七の五）。

10

　したがって，発行済株式100株のうち，10株が自己株式である場合には，残りの90株の全部を保有しているか否かにより，完全支配関係の判定を行うことになる。

(4) 名義株

　会社法上，株式会社が株主に対してする通知または催告は，株主名簿に記載されている株主に対して行われ（会社法126），剰余金の配当も，株主名簿に記載されている株主に対して行われる（会社法457）。

　そのため，原則として，株主名簿に記載されている株主により，発行済株式の全部が保有されているか否かを判定すべきであるが，実務上，株主名簿に記載されている株主が単なる名義人であって，別の者が実際の権利者である場合がある。

　この点につき，法人税基本通達1－3の2－1では，支配関係および完全支配関係の判定上，「当該法人の株主名簿，社員名簿又は定款に記載又は記録されている株主等により判定するのであるが，その株主等が単なる名義人であって，当該株主等以外の者が実際の権利者である場合には，その実際の権利者が保有するものとして判定する。」としている。

　そのため，名義株がある場合には，単純に株主名簿上の株主により判定するのではなく，実際の権利者が株式を保有しているものとして，完全支配関係の判定を行うことになる。

※実務上，X氏からP社に対してB社株式を貸すことにより，P社がX氏の意向を受けて議決権を行使することに同意している場合が考えられる。このような場合には，実質的な所有者はX氏であることから，X氏がB社株式を保有しているものとして，完全支配関係の判定を行うことになる。

(5) 個人による完全支配関係の判定

個人による完全支配関係が成立している場合には，受贈益の益金不算入を適用することができないものの，譲渡損益の繰延べ（法法61の13）のような他のグループ法人税制の規定は適用することができる。

そして，株主が個人である場合には，当該個人が保有する株式のほか，「特殊の関係のある個人」が保有する株式を合算して，完全支配関係の判定を行う必要がある（法令4の2②）。「特殊の関係のある個人」とは，以下のものが挙げられる（法令4①）。

① 株主の親族
② 株主と婚姻の届出をしていないが事実上婚姻関係と同様の事情にある者
③ 株主の使用人（法人の使用人ではなく，株主の使用人である。）
④ ①〜③に掲げる者以外の者で株主から受ける金銭その他の資産によって生計を維持しているもの
⑤ ②〜④に掲げる者と生計を一にするこれらの親族

※親族とは，6親等内の血族，配偶者，3親等内の姻族が含まれる（民法725）。なお，血族とは，血縁関係にある者をいい，姻族とは配偶者の血族または自分の血族の配偶者をいう。

なお，一方の法人の株主であるものの，他方の法人の株主ではない者がいる場合であっても，「一の者」に含まれる親族は株主に限定されていないため，完全支配関係が成立していると考えられる（国税庁HP文書回答事例「株主が個人である法人が適格合併を行った場合の未処理欠損金額の引継ぎについて（支配関係の継続により引継制限の判定をする場合）」，国税庁HP質疑応答事例「株主が個人である場合の同一の者による完全支配関係について」参照）。

さらに，前述のように，完全支配関係の判定は，直接保有割合だけでなく，間接保有割合も含めて判定を行う。そのため，他の親族（Y氏）が完全支配している会社（P社）が保有している株式を含めたうえで，完全支配関係の判定

を行うことになる。

【他の親族による間接保有】

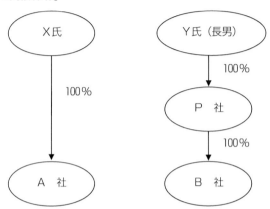

　実務上，株主が個人である場合には，一般社団法人，一般財団法人が株式を保有していることがあるが，これらの法人は持分の定めがないため，これらの法人が保有する株式は，間接保有に含まれない点に，留意が必要である（国税庁HP文書回答事例「合併法人の株主に公益財団法人が含まれている場合の支配関係の判定について」参照）。

(6) 一の個人による完全支配関係がある場合

　前述のように，受贈益の益金不算入を適用することができるのは，法人による完全支配関係がある場合のみに限定されており，その理由は，相続税，贈与税の回避を防止するためである。そのため，一の個人による完全支配関係がある場合には，相続税，贈与税を回避することができないため，受贈益の益金不算入を適用できるようにも思える。

　しかしながら，条文上，法人による完全支配関係がある場合に限定しているため，株主が複数存在する場合だけでなく，一の個人による完全支配関係があ

る場合においても，受贈益の益金不算入を適用することができない点に留意が必要である。

【贈与時点の資本関係】

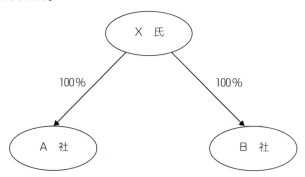

(7) 法人による完全支配関係があり，かつ，個人による完全支配関係がある場合

　前述のように，個人による完全支配関係のみがある場合には，受贈益の益金不算入を適用することができない。

　これに対し，14頁の図のように，B社とA社との間に，A社による完全支配関係が成立している一方で，B社とX氏との間に，A社を通じて，X氏による完全支配関係も成立している場合に，受贈益の益金不算入を適用することができるか否かが問題となる。

　この点については，法人税法25条の2第1項において，「個人による完全支配関係がある場合を除く。」と規定されず，「法人による完全支配関係に限る。」と規定されていることから，受贈益の益金不算入を適用することができると考えられる（法基通9－4－2の5）。

【贈与時点の資本関係】

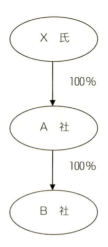

4 寄附修正事由

(1) 兄弟会社に対する贈与

　A社とB社との間にP社による完全支配関係がある場合において，A社からB社に対して，100百万円の贈与を行ったときは，受贈益の益金不算入の適用対象となる。

　この場合には，寄附修正事由が発生しているため，寄附金に相当する部分の金額だけP社が有するA社株式の帳簿価額を減算させ，受贈益に相当する部分の金額だけB社株式の帳簿価額を加算させる必要がある（法令9①七，法令119の3⑥，119の4①）。なお，この場合における寄附修正事由とは，子法人が他の内国法人から法人税法25条の2第2項に規定する受贈益の額で同条1項の規定の適用があるものを受け，または子法人が他の内国法人に対して法人税法37条7項（寄附金の損金不算入）に規定する寄附金の額で同条2項の規定の適用があるものを支出したことをいう。

　具体的な仕訳は以下の通りである。

§1 無対価取引における基本的な取扱い *15*

【A社株式に係る仕訳】

（利益積立金額）	100百万円	（A 社 株 式）	100百万円

【B社株式に係る仕訳】

（B 社 株 式）	100百万円	（利益積立金額）	100百万円

　このような制度が設けられた理由は，「グループ法人間の寄附について課税
関係を生じさせないこととなるため，これを利用した株式の価値の移転が容易
となり，これにより子法人株式の譲渡損を作出する租税回避が考えられること
から，これを防止するために，子法人株式の帳簿価額を調整するもの」である
と解説されている（『平成22年度版改正税法のすべて』208頁）。

※これらの取扱いは，連結納税制度においても同様とされているが，連結完全支配関係があ
　る法人が除かれていることから，連結法人間における寄附金については，連結子法人株式
　の帳簿価額修正により対応することになる。

(2) 親子会社に対する贈与

　A社とB社との間にA社による完全支配関係がある場合において，A社から
B社に対して，100百万円の贈与を行ったときは，受贈益の益金不算入の適用
対象となる。この場合において，B社がA社株式の一部を保有していたときに，
当該A社株式に対して寄附修正事由が生じるのかが問題になる。

【贈与時点の資本関係】

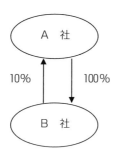

　この点については,「グループの頂点の法人は, この『子法人』の定義（法令9①七）に該当しないため, ……により損金不算入となる寄附金の寄附者又は益金不算入となる受贈益の受贈者になる場合でも, その株主において寄附修正は行わないこととなります。（『平成22年度版改正税法のすべて』209頁）」と解説されているため, B社が保有するA社株式の帳簿価額を減算させる必要はないと考えられる。

※当然のことながら, グループの頂点であるA社株式を保有している法人または個人では, 寄附修正事由は生じない。

(3) 孫会社への贈与

　B社とA社との間にA社による直接完全支配関係があり, A社とP社との間にP社による直接完全支配関係がある場合において, P社からB社に対して, 100百万円の贈与を行ったときは, 受贈益の益金不算入の適用対象となる。
　この場合において, P社が保有しているA社株式に対して寄附修正事由が生じるのかが問題となるが, 条文上, このような連鎖的な修正を行う必要はないことが明らかにされている。
　なお, このような制度になっている理由として,「この帳簿価額の修正は, グループの頂点の法人まで連鎖的に行うことが制度の整合性の観点から望ましいものではあるものの, 事務負担に配慮し, 直接の株主段階のみ行うこととさ

§1　無対価取引における基本的な取扱い　17

れています(『平成22年度版改正税法のすべて』208頁)」と解説されている。

【贈与時点の資本関係】

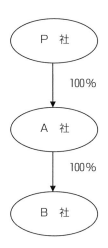

(4)　株主が複数存在する場合

　①A社の発行済株式の全部がP社によって保有されており，②B社の発行済株式総数の70%がP社によって保有され，残りの30%がX社によって保有されており，③X社の発行済株式の全部がP社によって保有されている場合において，A社からB社に対して，100百万円の贈与を行ったときは，受贈益の益金不算入の適用対象となる。

【贈与時点の資本関係】

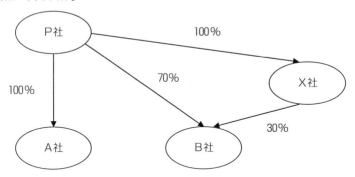

このように，贈与を行った法人または贈与を受けた法人の株主が複数存在する場合に，どのように帳簿価額を修正すべきかが問題となる。この点については，寄附金に相当する金額または受贈益に相当する金額に持分割合を乗じた金額により計算するものとされている（法令9①七）。

なお，この場合における持分割合とは，「当該子法人の寄附修正事由が生じた時の直前の発行済株式又は出資（当該子法人が有する自己の株式又は出資を除く。）の総数又は総額のうちに当該法人が当該直前に有する当該子法人の株式又は出資の数又は金額の占める割合」をいう。

そのため，上記のケースでは，B社の発行済株式総数のうち70％をP社が保有しており，30％をX社が保有していることから，P社が保有するB社株式の帳簿価額を70百万円加算させ，X社が保有するB社株式の帳簿価額を30百万円加算させることになる。

具体的な仕訳は以下の通りである。

【P社の仕訳】
①　A社株式に係る仕訳

| （利益積立金額） | 100百万円 | （A 社 株 式） | 100百万円 |

② B社株式に係る仕訳

（B 社 株 式）　　　　70百万円　（利益積立金額）　　　　70百万円

【X社の仕訳】

（B 社 株 式）　　　　30百万円　（利益積立金額）　　　　30百万円

(5) 株式の持ち合いをしている場合

　下図のような持合関係が生じている場合であっても，A社とB社との間にP社による完全支配関係が生じていると考えられることから（後述Q－1－5参照），A社からB社に対して，100百万円の贈与を行った場合には，受贈益の益金不算入の適用対象となる。

【贈与時点の資本関係】

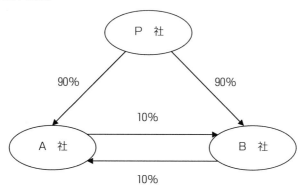

　前述のように，寄附修正事由による帳簿価額の修正は，グループの頂点の法人まで連鎖的に行うのではなく，直接の株主段階のみ行うこととされている。さらに，株主が複数存在する場合には，寄附金に相当する部分の金額または受贈益に相当する部分の金額に持分比率を乗じた金額により帳簿価額の修正を行う必要がある。

20

　すなわち，前掲のケースでは，贈与を行ったＡ社の発行済株式総数の90％を
Ｐ社が保有し，残り10％をＢ社が保有していることから，Ｐ社が保有するＡ社
株式の帳簿価額を90百万円減算させ，Ｂ社が保有するＡ社株式の帳簿価額を10
百万円減算させる必要がある。

　さらに，贈与を受けたＢ社の発行済株式総数の90％をＰ社が保有し，残りの
10％をＡ社が保有していることから，Ｐ社が保有するＢ社株式の帳簿価額を90
百万円加算させ，Ａ社が保有するＢ社株式の帳簿価額を10百万円加算させる必
要がある。具体的な仕訳は，以下の通りである。

【Ｐ社の仕訳】
①　Ａ社株式に係る仕訳

| （利益積立金額） | 90百万円 | （Ａ 社 株 式） | 90百万円 |

②　Ｂ社株式に係る仕訳

| （Ｂ 社 株 式） | 90百万円 | （利益積立金額） | 90百万円 |

【Ａ社の仕訳】

| （Ｂ 社 株 式） | 10百万円 | （利益積立金額） | 10百万円 |

【Ｂ社の仕訳】

| （利益積立金額） | 10百万円 | （Ａ 社 株 式） | 10百万円 |

(6)　子会社株式の帳簿価額がマイナスになる場合

　Ａ社とＢ社との間にＰ社による完全支配関係がある場合において，Ａ社から
Ｂ社に対して，100百万円の贈与を行ったときは，受贈益の益金不算入の適用
対象となる。

　しかしながら，Ｐ社が保有するＡ社株式の帳簿価額が30百万円である場合に
は，100百万円の減算を行うと，修正後の帳簿価額は△70百万円になる。この

ような場合に，修正額を30百万円とし，修正後の帳簿価額を0百万円とするのか，修正額を100百万円とし，修正後の帳簿価額を△70百万円にするのかが問題となる。

この点については，法人税法施行令9条1項7号の規定において「控除」ではなく，「減算」と規定されていることから，マイナスの金額になることを想定した条文であると考えられる。さらに，類似の規定である連結納税制度における連結子法人株式の帳簿価額修正についても，連結納税基本通達1−8−2において帳簿価額修正後の帳簿価額がマイナスになる場合が明記されていることから，寄附修正事由による修正後の帳簿価額がマイナスになる場合には，マイナスとして処理する必要があると考えられる。

5 非時価取引

(1) 低廉譲渡

① 寄附金および受贈益の認識

法人による完全支配関係がある場合において，当該完全支配関係のある法人間で低廉譲渡を行ったときは，時価で譲渡を行ったものとみなしたうえで譲渡損益の計算を行う必要がある。なお，時価と取引価額との差額については，譲渡法人では寄附金として損金の額に算入されず，譲受法人では受贈益として益金の額に算入されない。

② 譲渡損益の繰延べ

(i) 基本的な取扱い

完全支配関係がある法人に対して資産の譲渡を行った場合には，当該資産の譲渡損益を繰り延べる必要がある（法法61の13①）。その結果，譲受法人において，当該資産の譲渡，償却，評価換え，貸倒れ，除却その他これらに類する事由が生じるまで，譲渡法人において譲渡損益を繰り延べ，これらの事由が生

22

じた時に譲渡損益を実現させる必要がある。

　なお，理論的には，譲渡損益の繰延べの対象となる資産が外部に移転するなどの事由により完全に実現するまで，完全支配関係のある法人相互間の取引から生ずるすべての損益を繰り延べるべきであると考えられる。しかしながら，実務の簡便性を考慮し，対象となる譲渡損益調整資産は，以下のように限定されている。

【譲渡損益調整資産の意義】

> 　譲渡損益調整資産とは，以下のもののうち，譲渡直前の帳簿価額が1,000万円以上であるものをいう（法法61の13①，法令122の14①）。
> 　　・固定資産
> 　　・土地（土地の上に存する権利を含み，固定資産に該当するものを除く。）
> 　　・有価証券（譲渡側または譲受側で売買目的有価証券とされるものを除く。）
> 　　・金銭債権
> 　　・繰延資産

※譲渡利益額とは，その譲渡に係る対価の額が原価の額を超える場合におけるその超える部分の金額をいい，譲渡損失額とは，その譲渡に係る原価の額が対価の額を超える場合におけるその超える部分の金額をいう。
　この場合における「原価の額」とは，譲渡損益調整資産の譲渡直前の帳簿価額をいい，例えば，不動産や有価証券の譲渡に係る手数料など譲渡に付随して発生する費用は原価の額に含まれない。
※組織再編税制と異なり，資産および負債を簿価で譲渡するのではなく，譲渡法人において譲渡損益を繰り延べるに過ぎないことから，一方の法人が保有している繰越欠損金または資産の含み損と，他方の法人が保有している資産の含み益を相殺することはできないため，繰越欠損金の使用制限および特定資産譲渡等損失額の損金不算入は課されていない。

§1　無対価取引における基本的な取扱い　23

(ii) 仕訳

【譲渡法人の仕訳】

| （現　金　預　金） | 130百万円 | （土　　　　地） | 100百万円 |
| （寄　　附　　金） | 170百万円 | （繰延譲渡損益） | 200百万円 |

【譲受法人の仕訳】

| （土　　　　地） | 300百万円 | （現　金　預　金） | 130百万円 |
| | | （受　贈　益） | 170百万円 |

※上記の結果，寄附修正事由が発生するため，譲渡法人および譲受法人の発行済株式の全部
　を保有する法人株主において，譲渡法人株式の帳簿価額を170百万円減額させ，譲受法人
　株式の帳簿価額を170百万円増額させる必要がある。

(iii) 1,000万円の判定

　譲渡直前の帳簿価額が1,000万円以上であるか否かの判定単位は，次の資産
区分に応じ，次に定めるところにより区分した後の単位とされている（法規27
の13の3，27の15①）。

＜評価単位＞

区　　　分		評価単位
一　金銭債権		債務者ごと
二　減価償却資産		
	イ　建物	一棟ごと（建物の区分所有等に関する法律1条（建物の区分所有）の規定に該当する建物にあっては，同法2条1項（定義）に規定する建物の部分ごと）
	ロ　機械及び装置	一の生産設備または一台もしくは一基（通常一組または一式をもって取引の単位とされるものにあっては，一組または一式）ごと
	ハ　その他	上記に準じて区分する。

三　土地等	一筆（一体として事業の用に供される一団の土地等にあっては，その一団の土地等）ごと
四　有価証券	銘柄の異なるごと
五　その他の資産	通常の取引の単位を基準として区分する

※上記のうち，土地については，一筆ごとに判定することを原則としながらも，一体として事業の用に供される一団の土地にあっては，その一団の土地により判定することとしている。国土利用法23条では，一定規模の面積以上の土地取引にあっては届出が必要とされており，一筆ごとの土地の面積が小さくても，一団の土地の面積が大きい場合には，届出が必要であるとされている。この場合における「一団の土地」とは，登記簿上で一筆の土地であるか否かを問わず，同一の利用者によって，同一の利用目的のために供されている土地をいう。
一般的に，一団の土地に該当するかどうかは，複数の都道府県のHPでは，主体の同一性，物理的一体性および計画的一体性により判断することとしているが，土地取引の届出を意識した表現であることから，法人税法上は，物理的一体性があれば，一団の土地と考えるべきであると思われる。この場合には，道路や河川が介在していたとしても，一体として利用に供されているのであれば，一団の土地として認められる可能性がある。

　組織再編税制における特定資産の判定では，帳簿価額が1,000万円未満であれば，特定資産譲渡等損失額の損金不算入の対象から除外できるため，納税者にとって有利になることが多いと思われる。これに対し，譲渡損益の繰延べでは，帳簿価額が1,000万円未満である場合には，譲渡損失の金額が大きくなることは考えにくいものの，譲渡利益の金額が大きくなることがあり得るので，納税者にとって不利になることが多い。そのため，多種多様な資産を一度に譲渡する場合には，1単位当たりの譲渡利益が小さかったとしても，すべてを合計すると多額の譲渡利益になることもあるため，譲渡損益の繰延べの対象から除外される資産を把握しておく必要がある。

　また，細かい点であるが，帳簿価額が1,000万円未満か否かの判定における留意事項を下記にまとめたため，ご参照されたい。

留意事項1　マンションの評価

　実務上，同一の建物の中に，2部屋のマンションを保有している場合（例えば，301号室と302号室に区分されている場合）に，どのように評価を行うのか

が問題になる。まず，マンションを土地と建物に分けて評価すべきであることから，それぞれに分けて帳簿価額が1,000万円未満か否かを判定する必要がある。

このうち，土地は，一筆または一団ごとに判定することから，同一の建物の敷地部分であれば，別の部屋であっても一体として評価を行うことになると考えられる。

これに対し，建物は，原則として，1棟ごとに判定すべきであるが，建物の区分所有等に関する法律1条（建物の区分所有）の規定に該当する建物にあっては，同法2条1項（定義）に規定する建物の部分ごとに区分して判定する必要がある。

すなわち，建物の区分所有等に関する法律1条では，「一棟の建物に構造上区分された数個の部分で独立して住居，店舗，事務所又は倉庫その他建物としての用途に供することができるものがあるときは，その各部分は，この法律の定めるところにより，それぞれ所有権の目的とすることができる。」と規定されており，同一の建物の中に，301号室と302号室といったように2部屋のマンションを保有している場合には，それぞれが所有権の目的となることが明らかにされている。さらに，同法2条1項では，「この法律において『区分所有権』とは，前条に規定する建物の部分（第4条第2項の規定により共用部分とされたものを除く。）を目的とする所有権をいう。」と規定されており，ここでいう「建物の部分」とは，区分された所有権である301号室，302号室であることから，301号室，302号室にそれぞれ分けて，帳簿価額が1,000万円未満か否かを判定するという結論になる。

そのため，マンションが評価対象になる場合には，土地と建物を区分したうえで，さらに，建物を部屋毎に区分する必要があるという点に留意が必要である。

留意事項2　建物附属設備の評価

実務上，建物附属設備をどのように評価するのかという点が問題になる。なぜなら，不動産鑑定評価等では，建物附属設備は，建物と一体として評価され

ていることがほとんどであることから，建物と一体で帳簿価額が1,000万円未満か否かを判定すべきという考え方もあり得るからである。

　しかし，減価償却資産の意義では，「建物及びその附属設備」と規定されているのに対し（法令13一），譲渡損益調整資産の評価単位では，単に「建物」と規定されていることから（法規27の15①二イ），建物附属設備は法人税法施行規則27条の15第1項2号ハに規定されている「その他の減価償却資産」に該当すると考えられる。

　したがって，条文の体系上，建物と建物附属設備は一体として評価を行うのではなく，それぞれ別個に，帳簿価額が1,000万円未満か否かを判定すべきであると考えられる。

※一般的に建物附属設備に係る固定資産台帳がきちんと整理されておらず，固定資産台帳に計上されているものが，23頁の表（評価単位）の通りになっているとは限らない。また，建物または機械及び装置に準じて区分することとしているが，一般的には，機械及び装置と同様に，1個ごとに区分することを原則としつつも，通常一組または一式をもって取引の単位とされるものにあっては，一組または一式ごとに区分すべきであると考えられる。ただし，マンションの内装のうち，建物附属設備に分類されるものについては，1部屋ごとに区分したうえで，一組または一式ごとに区分すべき場合もある（なお，マンションの内装のうち，建物に分類されるものについては，1部屋ごとに区分したうえで，当該1部屋に区分された帳簿価額が1,000万円未満か否かを判定すべきかと思われる）。
　さらに，後述するように，資本的支出があった資産の移転を受けた場合には旧減価償却資産と追加償却資産をグルーピングしたうえで判定する必要がある。一般的に，建物附属設備に対する資本的支出は多種多様であることが多く，かつ，固定資産台帳の中で分散していることから，きちんと調査を行わないと，旧減価償却資産と追加償却資産のグルーピングができていないことが多いため，留意が必要である。

留意事項3　新たな資産の取得とされる資本的支出があった資産

　新たな資産の取得とされる資本的支出があった資産の移転を受けた場合には，法人税法施行令55条4項に規定する一の減価償却資産の取得価額をいうのではなく，旧減価償却資産の取得価額と追加償却資産の取得価額の合計額により判定を行う必要がある（法基通12の2−2−6，7−8−4）。なお，通達には明記されていないが，帳簿価額についても，旧減価償却資産の帳簿価額と追加償却資産の帳簿価額の合計額により判定すべきであると考えられる。

§1 無対価取引における基本的な取扱い 27

③ 法人による完全支配関係がない場合

法人による完全支配関係がなく, 個人による完全支配関係のみがある場合には, 譲渡損益は繰り延べられるものの, 受贈益の益金不算入を適用することはできない。

(2) 高額譲渡

① 法人による完全支配関係がある場合

法人による完全支配関係がある場合において, 当該完全支配関係のある法人間で高額譲渡を行ったときは, 時価で譲渡を行ったものとみなしたうえで譲渡損益の計算を行う必要がある。なお, 時価と取引価額との差額については, 譲渡法人では受贈益として益金の額に算入されず, 譲受法人では寄附金として損金の額に算入されない。

さらに, 完全支配関係のある法人間の取引であることから, 譲渡法人において発生した譲渡損益を繰り延べる必要がある。具体的な仕訳は以下の通りである。

【譲渡法人の仕訳】

(現 金 預 金)	1,000百万円	(土　　　　　地)	100百万円
		(繰延譲渡損益)	200百万円
		(受　贈　益)	700百万円

【譲受法人の仕訳】

(土　　　　　地)	300百万円	(現 金 預 金)	1,000百万円
(寄　附　金)	700百万円		

※上記の結果, 寄附修正事由が発生するため, 譲渡法人および譲受法人の発行済株式の全部を保有する法人株主において, 譲渡法人株式の帳簿価額を700百万円増額させ, 譲受法人株式の帳簿価額を700百万円減額させる必要がある。

28

② 法人による完全支配関係がない場合

法人による完全支配関係がなく，個人による完全支配関係のみがある場合には，譲渡損益は繰り延べられるものの，受贈益の益金不算入を適用することはできない。

6 ┃無対価取引

(1) 法人による完全支配関係がある場合

無償で資産を贈与した場合には，時価で譲渡したものとして取り扱われるため，譲渡法人において，時価に相当する金額が寄附金として損金の額に算入されず（法法37⑧），譲受法人において，時価に相当する金額が受贈益として益金の額に算入されない（法法25の2③）。

さらに，無償で資産を贈与した場合には，時価で譲渡したものとみなされることから，譲渡法人において，譲渡損益が発生するが，完全支配関係のある法人に対する譲渡であることから，当該譲渡損益が繰り延べられる。具体的な仕訳は以下の通りである。

【譲渡法人の仕訳】

| (寄　附　金) | 300百万円 | (土　　　地) | 100百万円 |
| | | (繰延譲渡損益) | 200百万円 |

【譲受法人の仕訳】

| (土　　　地) | 300百万円 | (受　贈　益) | 300百万円 |

※上記の結果，寄附修正事由が発生するため，譲渡法人および譲受法人の発行済株式の全部を保有する法人株主において，譲渡法人株式の帳簿価額を300百万円減額させ，譲受法人株式の帳簿価額を300百万円増額させる必要がある。

(2) 法人による完全支配関係がない場合

法人による完全支配関係がなく，個人による完全支配関係のみがある場合には，譲渡損益は繰り延べられるものの，受贈益の益金不算入を適用することはできない。

7 ▎無利息貸付け

無利息貸付けまたは役務の無償提供などの経済的利益の供与を行った場合には，適正な取引価額で取引を行ったものとして取り扱われる。そのため，法人による完全支配関係がある場合には，授受すべき利息に相当する金額が，無利息貸付けを行った法人において，寄附金として損金の額に算入されず，無利息貸付けを受けた法人において受贈益として益金の額に算入されないことになる（法基通4－2－6）。具体的な仕訳は以下の通りである。

【貸付側の仕訳】

（寄　附　金）	2百万円	（受 取 利 息）	2百万円

【借入側の仕訳】

（支 払 利 息）	2百万円	（受　贈　益）	2百万円

※上記の結果，寄附修正事由が発生するため，両社の発行済株式の全部を保有する法人株主において，一方の株式の帳簿価額を2百万円減額させ，他方の株式の帳簿価額を2百万円増額させる必要がある。

8 ▎特定同族会社等の留保金課税

前述のように，法人による完全支配関係がある場合には，贈与を行った法人において寄附金として損金の額に算入されず，贈与を受けた法人において受贈

30

益として益金の額に算入されない。

　しかしながら，特定同族会社等の留保金課税の計算では，法人税法67条3項4号において，受贈益の益金不算入の規定により益金の額に算入されなかった金額であっても留保金額を構成することが明らかにされている。

　さらに，同条3項柱書きでは，所得等の金額のうち留保した金額のみが留保金額を構成することが明らかにされており，寄附金として支出した金額は留保した金額ではないことから，留保金額を構成しないと考えられる。

§1　無対価取引における基本的な取扱い　*31*

2 ┃ 所得税

1 ┃ 法人に対する金銭の贈与

(1)　原則的な取扱い

　不動産所得の金額，事業所得の金額または雑所得の金額の計算上，必要経費に算入すべき金額は，これらの所得の総収入金額に係る売上原価その他当該総収入金額を得るため直接に要した費用の額およびその年における販売費，一般管理費その他これらの所得を生ずべき業務について生じた費用とされており（所法37），単なる内国法人に対する贈与は，必要経費としては認められない。また，給与所得の計算上も，特定支出として認められていない（所法57の2）。

　さらに，寄附金控除についても，国，地方自治体，公益法人などの特殊なものに限定されており，単なる内国法人に対する贈与に対しては，寄附金控除の適用が認められていない（所法78）。そのため，個人（日本の居住者）から内国法人に対して金銭の贈与を行ったとしても，原則として，所得税の課税標準を減額することはできない。

　これに対し，贈与を受けた内国法人では，法人税の計算上，受贈益として益金の額に算入される。なお，法人による完全支配関係がある内国法人と内国法人との間の取引に対しては，グループ法人税制が適用され，贈与を受けた内国法人において受贈益の益金不算入が適用されるが，個人と内国法人との間の取引に対しては，グループ法人税制が適用されないことから，受贈益の益金不算入を適用することができない。

(2)　役員賞与の特例

　内国法人に資金調達能力がないときは，株主総会や取締役会において役員賞与（臨時の役員給与）の支給を決めたとしても，その支払いができない場合が

32

考えられる。このような場合において，法的整理，私的整理の中で，債権者から当該内国法人に対する債権放棄を行うときは，各役員に対して，未払役員賞与の債務免除を要請されることがある。

このような場合には，所得税法上，役員賞与の支給を受けた後に，役員賞与に相当する金額を会社に対して贈与したと考えるため，原則として，実際に支払われていない役員賞与であっても，所得税が課税される。

しかし，一般債権者の損失を軽減するため，当該内国法人の法的整理，私的整理において，その立場上やむなく未払役員賞与の支給を辞退した役員に対して，所得税を課すというのはあまりに不合理である。

そのため，所得税基本通達64－2において，一定の特殊な事情が認められる場合には，支給を辞退した未払役員賞与を所得税の課税対象から除外することができる旨が明らかにされている。

さらに，免除を受けた内国法人についても，法人税基本通達4－2－3において，取締役会等の決議に基づきその全部または大部分の金額を支払わないこととした未払役員賞与のうち，その支払わないことがいわゆる会社の整理，事業の再建および業況不振のためのものであり，かつ，その支払わないこととなった金額が一定の基準によって決定されたものであるときは，債務免除益として益金の額に算入しないことが認められている。

ただし，未払配当金の免除に対してはこのような特例は設けられていないため，ご留意されたい。

※源泉所得税の取扱い
① 支払確定日から1年が経過していない場合
　前述のように，会社の整理，事業の再建および業況不振のために未払役員賞与の債務免除を行った場合には，法人税の課税所得の計算上，益金の額に算入しないことができる。
　これに対して，源泉所得税については，未払役員賞与の債務免除を受けた時においてその支払があったものとして源泉徴収を行うことが原則であるが，前述のように，役員が一定の特殊な事情の下において，一般債権者の損失を軽減するためにその立場上やむなく未払役員賞与の支給を辞退した場合には，役員サイドにおいて所得税が課されないこととされており，源泉所得税の徴収についても同様に取り扱うべきであるため，所得税基本通達181～223共－3において，源泉所得税の支払いをしないことが認められている。また，所得税基本通達181～223共－2において，未払役員賞与の債務免除が債務者企業の債務超過

§1　無対価取引における基本的な取扱い　33

の状態が相当期間継続し，その支払いをすることができないと認められるときに行われた場合にも，源泉徴収を行わないことが認められている。

② 支払確定日から1年が経過した場合

原則として，給与等に対する源泉所得税の徴収は，その支払いをした時点で行うが，役員に対する賞与については，支払いの確定した日から1年を経過した日までにその支払いがなされない場合には，その1年を経過した日においてその支払いがあったものとして源泉所得税を支払うことが要請されている（所法183②）。

そのため，役員に対する賞与の支給に係る決議をしておきながら，その支払いを行っていないのであれば，1年間が経過すると源泉所得税の支払義務が生じる。

なお，源泉所得税を支払った後に，未払役員賞与の債務免除を行った場合には，所得税基本通達181～223共－2の適用を受けることができないので，過誤納金の還付請求を行うことができない。

2 ┃ 法人に対する無償による資産の譲渡

個人から法人に対して資産の譲渡を行った場合には，実際の譲渡収入を基礎に譲渡所得の計算を行うことが原則であるが，無償で資産を譲渡した場合には，その時における価額に相当する金額により，資産の譲渡があったものとして譲渡所得の計算を行う必要がある（所法59①一）。そして，無償で資産を譲渡した場合だけでなく，時価の2分の1に満たない金額で資産を譲渡した場合であっても，時価で譲渡したものとして譲渡所得の計算を行う必要がある（所法59①二，所令169）。

これに対し，贈与を受けた法人においても，受贈益の益金不算入を適用することができないため，贈与を受けた資産の時価に相当する金額が，受贈益として益金の額に算入されることになる。

なお，完全支配関係のある内国法人と内国法人との間の取引であれば，グループ法人税制が適用され，贈与を行った内国法人において，譲渡損益の繰延べが適用されるのに対し，個人と内国法人との間の取引の場合には，グループ法人税制が適用されないことから，譲渡損益を繰り延べることができないという点に，ご留意されたい。

※時価の2分の1以上の金額で資産を譲渡した場合，例えば，時価300百万円の資産を200

百万円で譲渡した場合であっても，所得税法157条に規定する同族会社等の行為計算の否認の適用を受ける場合には，当該資産の時価に相当する金額により，譲渡所得の計算が行われることがあるため，ご留意されたい（所基通59－3）。

3 法人に対する無利息貸付け

　法人税法22条2項では，「無償による資産の譲渡または役務の提供その他の取引」について，益金の額に算入すべきことが明らかにされている。

　これに対し，所得税法では，法人税法22条2項に代わる規定が存在せず，「無償による資産の譲渡または役務の提供その他の取引」については，それぞれの個別規定において規定されているのみである。

　また，一般規定である所得税法36条1項では，「その年分の各種所得の金額の計算上収入金額とすべき金額又は総収入金額に算入すべき金額は，別段の定めがあるものを除き，その年において収入すべき金額（金銭以外の物又は権利その他経済的な利益をもつて収入する場合には，その金銭以外の物又は権利その他経済的な利益の価額）とする。」とし，同条2項では，「前項の金銭以外の物又は権利その他経済的な利益の価額は，当該物若しくは権利を取得し，又は当該利益を享受する時における価額とする。」としていることから，「収入」の定義が問題となる。

　「収入」の定義については，所得税法上，明文規定はないものの，その形態，反復性の程度，源泉の如何を問わず納税者の担税力を増加させるすべての経済的価値の流入であると解されている。すなわち，無利息貸付けを行った個人において担税力を増加させるような経済的利益が流入していないことから，一般規定において，個人から法人に対して，「無償による役務の提供その他の取引」があったものとして課税することは困難であると考えられる。したがって，原則として，個人から法人に対する無利息貸付けを行った場合であっても，時価に相当する金額の利息を収受したものとして所得税の課税標準を計算する必要はないと考えられる。

　しかしながら，多くの学者から批判されているものの，所得税法において，

§1 無対価取引における基本的な取扱い 35

同族会社等の行為計算の否認（所法157①）を適用することにより，受取利息を認識させて，所得税を課税した事件として，平和事件（最三小判平成16年7月20日TAINSコードZ254-9700）が公表されていることから，極端な事案に対しては，税務調査において否認を受ける可能性があるという点に，留意が必要である。

4 法人からの金銭の贈与

法人から個人へ贈与を行った場合には，贈与を受けた個人において，所得税および住民税が課税される（贈与税は課税されない〔相法21の3①一〕）。このような場合における所得分類は，個人がどの立場で取得したのかによって異なる。まず，役員や従業員の地位に基づいて受け取ったものは，給与所得として，役員や従業員の退職に基因して受け取ったものは退職所得として取り扱われる。また，株主としての地位に基づいて受け取ったものは，配当所得として取り扱われる可能性がある（所基通24-1）。それ以外のものは，一時所得として取り扱われる（所基通34-1）。

しかしながら，資力を喪失して債務を弁済することが著しく困難であると認められる場合に債務の免除を受けた場合には，所得税および住民税の課税対象から除外することとされている（所法44の2①，所基通44の2-1）。

5 法人からの無償による資産の譲渡

法人から資産を無償または低い対価で譲り受けた場合には，その資産のその時における価額またはその価額とその対価の額との差額に相当する利益が，所得税の課税対象になる（所基通36-15(1)）。そのため，給与所得，退職所得，一時所得などとして所得税および住民税の課税対象となる。

6 法人からの無利息貸付け

　法人から金銭の無利息貸付けを受けた場合には，通常の利率により計算した利息の額が，所得税の課税対象になる（所基達36−15(3)）。そのため，給与所得，退職所得，一時所得などとして所得税および住民税の課税対象となる。

※所得税基本通達36−28において，役員または使用人に対する無利息貸付けであっても，所得税および住民税が課されない場合として，以下のものが列記されている。
① 災害，疾病等により臨時的に多額な生活資金を有することとなった場合
② 収受すべき利息が低額（年額5,000円以下）である場合

7 発行法人が他の法人から贈与を受ける場合

　発行法人が他の内国法人から贈与を受けた場合には，発行法人の個人株主が保有する株式の時価が増加するため，当該他の内国法人から当該個人株主に対する贈与があったものとして課税関係を発生させるべきか否かという問題がある。

　例えば，37頁図のような資本関係がある場合において，A社からB社に対する贈与が行われたときは，本件贈与に係る受贈益がB社において課税対象となる。そのため，X氏も課税対象としてしまうと，B社に対する法人税とその株主であるX氏に対する所得税の二重課税が生じる。

　この点については，所得税法上，発行法人において課税対象となった利益を配当した場合には，その株主において配当控除を認めることにより二重課税を排除しようとしていることを考えると，発行法人が他の内国法人から贈与を受けたからといって，その個人株主に対してまで，当該他の内国法人から贈与を受けたものとして所得税の課税対象にすることは制度趣旨に反すると考えられる。

　したがって，37頁図の事案においては，X氏に対する所得税および住民税の課税は生じないと考えられる。しかしながら，贈与を行った者が法人ではなく，

個人である場合には，贈与税の議論になることから，異なる結論になるため，ご留意されたい（3参照）。

【贈与時点の資本関係】

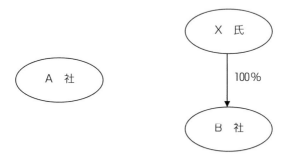

8 金銭の配当

　個人が法人から配当を受け取った場合には，配当所得として課税され（所法24①），給与所得，事業所得，不動産所得等と合算して総合課税の適用を受ける。さらに，二重課税の緩和のため，配当控除の適用を受けることが認められている（所法92）。

　なお，§2で解説するように，完全支配関係のある他の内国法人に対する配当に対しては，グループ法人税制が適用され，負債利子を控除することなく，配当収入の全額が益金の額に算入されないこととされているが，内国法人から個人への配当に対しては，グループ法人税制の適用はないため，ご留意されたい。

9 現物分配

　法人税法2条12号の15で規定している適格現物分配の制度は，内国法人から他の内国法人に対して現物分配を行った場合に限定されており，個人に対する

現物分配については規定されていない。また，所得税法においても特段の規定は存在しない。

そのため，内国法人から個人に対する現物分配は，非適格現物分配として処理し，発行法人において譲渡損益を認識するとともに，個人株主において配当所得として認識する必要がある。

§1 無対価取引における基本的な取扱い　39

3 贈与税

1 個人から贈与を受けた場合

　相続税法では，相続税の補完税として贈与税が規定されている。そのため，その年において贈与により取得した財産の価額の合計額をもって，贈与税の課税価格となる（相法21の2）。また，所得税法9条1項16号において，「相続，遺贈又は個人からの贈与により取得するもの」に対しては所得税が課されないこととされているため，贈与税の課税対象になる場合には，所得税が課税されない。

　したがって，個人から他の個人への無償による資産の譲受け，著しく低い価額の対価による資産の譲受け（相法7），債務免除（相法8），その他の経済的利益の享受（相法9）は，それぞれ所得税ではなく，贈与税の課税対象として取り扱われる。

※他の個人に対して無償による資産の譲渡を行ったとしても，法人に対する無償による資産の譲渡ではないことから，所得税法59条の適用を受けないため，贈与を行った個人では，譲渡所得税の課税対象にはならない。そのため，所得税法60条により，贈与を行った個人における取得費をそのまま引き継ぐことになる。

2 発行法人が他の個人から贈与を受けた場合

　相続税法基本通達9-2では，同族会社の株式の価額が金銭の贈与により増加した場合には，当該増加した部分に相当する金額を，贈与によって取得したものとして取り扱うことが明らかにされている。

　例えば，40頁図のような資本関係がある場合において，X氏からA社に対する贈与が行われたときは，本件贈与に係る受贈益がA社において課税対象となるだけではなく，X氏からY氏（A社の株主）に対する贈与があったものとして取り扱われ，贈与税の課税対象になる。

しかしながら、A社が資力を喪失している場合において、私財提供を行ってもなお債務超過であるときは、私財提供によりマイナスの純資産が減少したにすぎず、A社株式の価値が増加したことにはならないため、贈与税の課税対象から除外されている（相基通9－3）。

【贈与時点の資本関係】

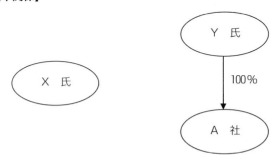

3 発行法人が他の法人から贈与を受けた場合

発行法人が他の内国法人から贈与を受けた場合には、発行法人の個人株主が保有する株式の時価が増加するが、②で解説したように、当該他の内国法人から当該個人株主に対する贈与があったものとして、所得税が課されるということにはならない。

これに対し、42頁の図のように、贈与を行った法人（A社）の株主がX氏であり、贈与を受けた法人（B社）の株主がX氏の親族であるY氏である場合には、X氏からY氏に対する贈与が行われたものとして、贈与税の課税対象にすべきか否かが問題になる。

この点につき、法人による完全支配関係がないことから、A社からB社に対する贈与が行われた場合には、本件贈与に係る受贈益は、B社において課税対象となるが、Y氏も課税対象としてしまうと、B社に対する法人税とその株主であるY氏に対する贈与税の二重課税が生じるという問題がある。しかしなが

ら，前述のように，贈与を行った者が個人である場合には，そのような二重課税がありながらも，贈与税が課されることが明らかにされている。これは，法人税および所得税が獲得した所得（儲け）に対して課税されることから，発行法人で課税を受けた部分に対して，その株主において受取配当金の益金不算入（法人株主）または配当控除（個人株主）により二重課税を排除する必要があるのに対し，贈与税については相続税の補完税として他の個人からの贈与に対して課税することを目的にしていることから，発行法人における法人税とその株主における贈与税の二重課税を回避するという考え方が存在しないからである。

　そのため，A社およびB社を通じて，X氏からY氏に対して贈与を行ったと考えるのであれば，贈与税の課税対象になり，B社を通じてA社からY氏に対して贈与を行ったと考えるのであれば，贈与税の課税対象にはならない。

　この点につき，私見ではあるが，Y氏は贈与税の課税対象にならないと考えるべきである。なぜならば，グループ法人税制における受贈益の益金不算入を法人による完全支配関係がある場合に限定した制度趣旨は，相続税・贈与税の回避に使用されるのを防止するためであり，42頁の図の事案では，贈与を受けたB社において受贈益の益金不算入を適用することができないからである。

　すなわち，本事案において，Y氏に対して贈与税を課すことができるのであれば，そもそも受贈益の益金不算入が適用される事案を法人による完全支配関係がある場合に限定する必要はないのであり，あえてこのような規定を導入した背景としては，Y氏に対して贈与税を課すことが難しかったからであると考えられる。これは，相続税法21条の3第1項1号において，法人からの贈与により取得した財産に対しては，贈与税が課されないことが明らかにされており，A社から贈与を受けたことによりB社株式の価値が増加したことを否定できないからであると考えられる。

　そのため，42頁の図の事案では，Y氏に対して贈与税を課すべきではないと考えられる。しかしながら，Y氏に対して贈与税が課されるという考え方も十分に成り立つため，実務上，慎重な対応が必要である。

【贈与時点の資本関係】

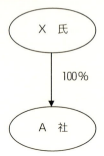
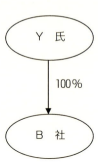

§1　無対価取引における基本的な取扱い　43

4 消費税

1 課税対象取引の範囲

消費税の課税対象となるのは，対価を得て行われる取引に限られるため，無償による資産の譲渡は，消費税の課税対象とならない（消基通5－1－2）。そのため，無償による資産の譲渡を行った者は，消費税の課税対象から除外され，無償により資産を譲り受けた者も，仕入税額控除の対象にすることができない。ただし，事業譲渡のように，資産と負債をセットで譲渡する場合には，負債の引受部分が譲渡価額として取り扱われるため，無償による資産の譲渡には該当しない。

なお，例外的に，役員に対する資産の贈与は，消費税の課税対象になるという点にご留意されたい（消法4⑤二）。

2 資産の低廉譲渡取引

前述のように，消費税の課税対象となるのは，対価を得て行われる取引に限られるため，無償による資産の譲渡は，消費税の課税対象にならない。

しかしながら，少しでも対価を収受している場合には，有償による資産の譲渡に該当することから，消費税の課税対象になる。この場合，実際の譲渡価額により消費税の課税所得の計算を行うのか，時価を譲渡価額とみなして消費税の課税所得の計算を行うのかが問題になる。

この点については，消費税法28条1項但書において，時価で譲渡したものとして消費税の課税所得の計算を行うべき場合として規定されているものが役員に対する低廉譲渡のみであることから，それ以外の場合には，実際の譲渡価額により消費税の課税所得の計算を行うべきであると考えられる。

また，時価よりも高い値段で譲渡した場合であっても同様に，実際の譲渡価額により消費税の課税所得の計算を行うことになる。

5 その他の税目

1 不動産取得税

　グループ法人税制は，法人税法の規定であることから，地方税法に定められている不動産取得税には影響を与えない。

　そのため，通常の売買と同様に，固定資産税評価額により課税標準の計算を行うことになる。ただし，令和3年3月31日（2021年3月31日）までに宅地評価土地（宅地および宅地比準土地）を取得した場合は，取得した不動産の価格の2分の1が課税標準となる（地法附則11の5①）。

　さらに，不動産取得税の税率は，100分の4とされているが（地法73の15），令和3年3月31日（2021年3月31日）までに取得した土地については，100分の3まで軽減されている（地法附則11の2①）。

2 登録免許税

　グループ法人税制は，法人税法の規定であることから，登録免許税法に定められている登録免許税には影響を与えない。

　すなわち，贈与により不動産を取得した場合には，不動産に係る所有権移転登記が必要になるため，贈与を受けた者において，固定資産税評価額の1,000分の20に相当する登録免許税が課される（登免法別表1一（二）ハ）。ただし，令和3年3月31日（2021年3月31日）までに行われる土地に係る所有権移転登記に対する登録免許税は，固定資産税評価額の1,000分の15まで軽減されている（措法72①）。また，その他にも登記が必要になるものがあれば，それぞれ登録免許税が課される。

※なお，贈与は売買に含めるべきではないという理由から，上記の軽減税率を適用すべきではなく，通常の税率である1,000分の20について登録免許税を課すべきであるという考え方もある。

3 納税義務の承継

　国税および地方税に係る納税義務は，私法上の債権債務と異なり，一般的には移転させることができない。そのため，資産の譲渡を行った場合であっても，譲渡人の納税義務は譲受人に移転しない。

　しかしながら，無償または著しい低額により資産の譲渡を行った場合には，納税義務者からの徴収が困難になることが考えられるため，譲受人に対して，第2次納税義務が課されている。

　具体的には，譲渡人が租税の滞納を行った場合において，無償または著しく低い額の対価により資産の譲渡を行ったことが租税の滞納の原因であると認められるときは，譲受人が無償または著しく低い額の対価による資産の譲受けを行ったことにより得た利益の範囲内において，その滞納に係る租税の第2次納税義務が課されている（国徴法39，地法11の8）。

　ただし，その租税の滞納から1年以上前に資産の譲渡が行われている場合には，このような第2次納税義務は課されない。

6 こんな場合どうなる？　Q＆A

Q1-1 議決権制限株式の取扱い

　弊社（以下，「A社」という。）からB社に対する贈与を予定しています。なお，B社の発行済株式は200株であり，その内訳は，議決権株式100株，議決権制限株式100株です。

　このうち，A社はB社の議決権株式の全部を保有しており，外部のX社が議決権制限株式の全部を保有しています。

　議決権で考えると，A社はB社の議決権株式の全部を保有していることから，A社がB社を完全に支配していると考えられるため，完全支配関係が成立していると考えてもよいでしょうか。

A

　ご質問のケースでは，B社の発行済株式の一部が，グループ外の法人であるX社に保有されていることから，完全支配関係は成立していないと考えられます。

解 説

　完全支配関係の判定は，議決権株式であるか，議決権制限株式であるかは関係なく，発行済株式の全部を保有しているか否かにより行います（国税庁HP文書回答事例「議決権のない株式を発行した場合の完全支配関係・支配関係について」参照）。

　したがって，ご質問のケースでは，外部株主が入っており，発行済株式の全部を保有する関係が成立していないため，完全支配関係は成立していないと考えられます。

【議決権制限株式がある場合における100％グループの判定】

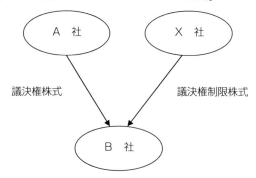

Q1-2　任意組合が発行済株式の全部を保有している場合

　弊社（以下，「A社」という。）からB社に対する贈与を予定しています。なお，A社とB社の発行済株式の全部が任意組合Pによって保有されています。

　任意組合Pには，X社，Y社およびZ社の3社が出資しており，これら3社の間に資本関係はありません。

　このような場合には，完全支配関係があるとみなされるのでしょうか。

A

　ご質問のケースでは，X社，Y社およびZ社の3社が，A社株式とB社株式を保有しているため，完全支配関係が成立していないと考えられます。

解　説

　民法上，任意組合の所有する組合資産は総組合員が共有するものとされており（民法668），組合そのものが所有権を有するわけではないと考えられています。

すなわち，ご質問のケースでは，任意組合がA社およびB社の発行済株式の全部を保有しているのではなく，X社，Y社およびZ社の3社が保有していると考えます。その結果，A社およびB社の発行済株式の全部を保有している者が存在しないことから，A社とB社との間に完全支配関係は成立していないと考えられます。

なお，この取扱いは，民法上の任意組合のほか，投資事業有限責任組合，有限責任事業組合，外国の法令に基づく組合についても同様です。

ただし，組合に関する取扱いは，実質的に判断すべきものとされることが多く，実務上は，慎重な判断が必要になります。

Q1-3 親会社が匿名組合契約を結んでいる場合

> 弊社（以下，「A社」という。）からB社に対する贈与を予定しています。なお，B社の発行済株式の全部がA社によって保有されています。
>
> A社は外部の法人と匿名組合契約を結んでおり，営業者であるA社において発生した利益の70%をX社，Y社およびZ社の3社に分配する必要があります。
>
> このような場合には，完全支配関係があるとみなされるのでしょうか。

A..

ご質問のケースでは，A社がB社株式を保有しているため，完全支配関係が成立していると考えられます。

解 説..

任意組合と異なり，親会社が匿名組合契約を結んでいる場合には，営業者の保有する資産および負債に対して，匿名組合員が権利義務を有するのではなく，営業者に権利義務が帰属します（商法536）。

§1 無対価取引における基本的な取扱い　49

　すなわち，ご質問のケースでは，A社がB社の発行済株式の全部を保有していることから，A社による完全支配関係があると考えられます。

　ただし，組合に関する取扱いは，実質的に判断すべきものとされることが多く，実務上は，慎重な判断が必要になります。

Q1-4 子会社が匿名組合契約を結んでいる場合

> 　弊社（以下，「A社」という。）からB社に対する贈与を予定しています。なお，B社の発行済株式の全部がA社によって保有されています。
> 　B社は外部の法人と匿名組合契約を結んでおり，営業者であるB社において発生した利益の70%をX社に分配する必要があります。
> 　このような場合には，完全支配関係があるとみなされるのでしょうか。

A

　ご質問のケースでは，A社がB社株式の発行済株式の全部を保有しているため，完全支配関係が成立していると考えられます。

解説

　優先株式と異なり，匿名組合契約により資金調達を行ったとしても，営業者にとっては匿名組合出資金は預り金であって株式ではないことから，発行済株式総数に占める割合には含まれません。

　すなわち，ご質問のケースでは，A社がB社の発行済株式の全部を保有していることから，A社による完全支配関係が成立していると考えられます。

　なお，この考え方は，B社が劣後ローンにより資金調達を行っている場合についても同様です。

　ただし，組合に関する取扱いは，実質的に判断すべきものとされることが多く，実務上は，慎重な判断が必要になります。

【匿名組合出資金がある場合における100%グループの判定】

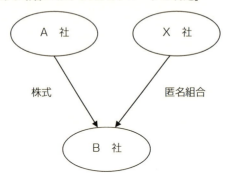

Q1-5　持合株式の取扱い

弊社（以下，「A社」という。）からB社に対する贈与を予定しています。なお，A社とB社はP社の子会社であり，下図のような資本関係にあります。
このような場合には，外部株主が存在しないため，P社による完全支配関係が成立していると考えてもよいでしょうか。

【贈与時点の資本関係】

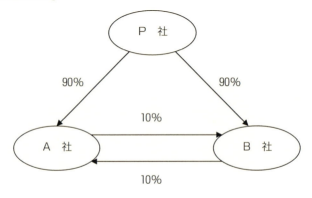

A

ご質問のケースでは，直接保有割合と間接保有割合を合計すると，Ｐ社がＡ社とＢ社の発行済株式の全部を保有しているため，完全支配関係が成立していると考えられます。

解 説

完全支配関係が成立しているか否かは，直接保有割合だけでなく，間接保有割合をも含めて判定します（7～9頁参照）。

例えば，Ｂ社がＰ社に発行済株式の全部を保有されているか否かを判定する場合には，Ｐ社による直接保有割合（90％）だけでなく，Ｐ社の100％子会社による直接保有割合（間接保有割合）を合計した割合により判定します。

そして，Ａ社がＰ社に発行済株式の全部を保有されているか否かを判定する場合にも，Ｐ社による直接保有割合（90％）だけでなく，Ｐ社の100％子会社による直接保有割合（間接保有割合）を合計した割合により判定します。

この場合，Ｂ社がＰ社の100％子会社であるためには，Ａ社がＰ社の100％子会社である必要があり，Ａ社がＰ社の100％子会社であるためには，Ｂ社がＰ社の100％子会社である必要があるため，どのように判定すべきであるのかという問題が生じます。

この点については，条文を形式的に読むと，一方の会社（ex.Ａ社）がＰ社の100％子会社であると確定しない段階では，他方の会社（ex.Ｂ社）についてもＰ社の100％子会社であるとされないため，Ａ社およびＢ社の両方について，Ｐ社の100％子会社ではないと判断されます。

しかし，実務上は，制度の趣旨を考慮し，外部の株主が存在しないことから，完全支配関係が成立しているとしても問題ないと考えられます（国税庁HP「平成22年度税制改正に係る法人税質疑応答事例（グループ法人税制関係）問4『資本関係がグループ内で完結している場合の完全支配関係』」参照）。

Q1-6 贈与を行った後に株式譲渡を行うことが見込まれている場合

弊社（以下，「A社」という。）からB社に対する贈与を予定しています。なお，B社の発行済株式の全部がA社によって保有されており，A社はB社株式の譲渡を行うことが見込まれています。このような場合には，B社において，受贈益の益金不算入を適用することはできないのでしょうか。

A

贈与時点において，A社によるB社に対する完全支配関係が成立していることから，受贈益の益金不算入を適用することができると考えられます。

解 説

組織再編税制において，完全支配関係内の適格組織再編に該当するためには，組織再編を行った後の完全支配関係の継続見込みが要求されています（法令4の3）。

これに対し，グループ法人税制では，贈与を行った後における完全支配関係の継続見込みは要求されておらず，贈与を行った時点において完全支配関係が成立しているか否かにより判定を行います。

そのため，ご質問のケースでは，贈与時点において，A社によるB社に対する完全支配関係が成立していることから，受贈益の益金不算入を適用することができると考えられます。

§1　無対価取引における基本的な取扱い　53

Q1-7 贈与の直前の資本移動により，完全支配関係が形成された場合

　弊社（以下，「A社」という。）からB社に対する贈与を予定しています。
　なお，贈与の直前において，A社がB社の発行済株式の全部を取得することを予定しています。このような場合には，B社において，受贈益の益金不算入を適用することができるのでしょうか。

A

　贈与時点において，A社によるB社に対する完全支配関係が成立していることから，受贈益の益金不算入を適用することができると考えられます。

解説

　グループ法人税制では，贈与を行った時点において完全支配関係が成立しているか否かにより判定を行います。

　そのため，贈与の直前において，A社がB社の発行済株式の全部を取得することにより完全支配関係が成立したとしても，受贈益の益金不算入を適用することができます。

　なお，株式譲渡を行った場合には，その譲渡に係る契約をした日（約定日）に株式譲渡損益の認識を行うことから（法法61の2），ご質問のケースでは，約定日時点で株式が引き渡されたものとして完全支配関係の判定を行うようにも思えます。

　しかし，法人税基本通達1-3の2-2(1)では，株式の購入により完全支配関係が成立した場合には，当該株式の引き渡し時点で完全支配関係が成立したものとすることが明らかにされています。

　そのため，約定日から引渡日までの間に贈与を行った場合には，受贈益の益金不算入を適用することができない点に留意が必要です。

Q1-8 新株予約権の取扱い

弊社（以下，「A社」という。）からB社に対する贈与を予定しています。なお，B社の発行済株式の全部がA社によって保有されているものの，B社は従業員に対して新株予約権を発行しています。

このように，新株予約権を発行している場合であっても，完全支配関係があるとみなされるのでしょうか。

A

新株予約権を発行している場合であっても，B社の発行済株式の全部がA社によって保有されていることから，完全支配関係が成立していると考えられます。

解 説

新株予約権を発行している場合であっても，当該新株予約権が行使される前は発行済株式総数が増加しないことから，一方の法人によって他方の法人の発行済株式の全部を直接または間接に保有する関係があれば，完全支配関係が成立していることになります。

そのため，ご質問のケースでは，B社の新株予約権が従業員に対して発行されていますが，B社の発行済株式の全部がA社によって保有されていることから，A社によるB社に対する完全支配関係が成立していると考えられます。

§1 無対価取引における基本的な取扱い 55

Q1-9 子会社に対して贈与を行った後に配当を行った場合

弊社（以下，「A社」という。）からB社に対して，100百万円の贈与を行うことを予定しています。なお，B社の発行済株式の全部がA社によって保有されています。

また，贈与を行った後にB社からA社に対する配当を行い，その後，A社はB社株式を譲渡することを予定しています。

このような場合には，A社の法人税法上の取扱いはどのようになるのでしょうか。

A

ご質問のケースでは，条文上，A社からB社に対する贈与が寄附修正事由に該当することから，A社が保有するB社株式の帳簿価額を100百万円増加させます。

その後，B社からA社に対する配当金は，完全子法人株式等からの配当であることから，受取配当等の益金不算入を適用することができます。

しかしながら，ご質問のケースが租税回避に該当するという認定を受けた場合には，同族会社等の行為計算の否認（法法132）の適用を受ける可能性があるため，ご留意ください。

解 説

ご質問のケースは，法人（A社）による完全支配関係があることから，A社からB社に対する贈与については，A社において寄附金として損金の額に算入されず，B社において受贈益として益金の額に算入されません。そして，寄附修正事由に該当することから，B社において発生した受贈益に相当する金額（100百万円）をA社が保有するB社株式の帳簿価額に加算する必要があります。

また，B社からA社への配当については，完全支配関係のある法人間におけ

る配当であることから，配当の計算期間を通じて完全支配関係が継続していれば，負債利子を控除することなくその全額が益金不算入となります。具体的な仕訳は以下の通りです。

【A社の仕訳】
①　B社への贈与
(ⅰ)　寄附金の損金不算入

（寄　　附　　金）	100百万円	（現 金 預 金）	100百万円

(ⅱ)　B社株式に対する修正

（B 社 株 式）	100百万円	（利益積立金額）	100百万円

②　B社からの配当

（現 金 預 金）	100百万円	（受 取 配 当 金）	100百万円

※単純化のため，源泉所得税については無視しています。

【B社の仕訳】
①　A社からの贈与

（現 金 預 金）	100百万円	（受　　贈　　益）	100百万円

②　A社への配当

（利益積立金額）	100百万円	（現 金 預 金）	100百万円

※単純化のため，源泉所得税については無視しています。

　しかしながら，このような手法を採用した場合には，A社からB社に100百万円の現金を移転させ，B社からA社に対して100百万円の現金を移転させることにより，B社株式の株式価値を変動させずに，B社株式の帳簿価額を引き上げていることから，株式譲渡益の不当な圧縮や株式譲渡損の不当な創出が可能となっています。

　そのため，①子会社への贈与，②親会社への配当，③株式譲渡という行為が一連の取引であると認められる場合には，租税回避として認定され，同族会社

§1 無対価取引における基本的な取扱い　*57*

等の行為計算の否認（法法132）が適用されるリスクが高くなると考えられます。これに対し，①子会社への贈与，②親会社への配当を行ったとしても，A社がB社株式を譲渡しなければ，A社の法人税を減少させることができないことから，①子会社への贈与，②親会社への配当を行っただけでは，租税回避に該当させることはできません。なぜなら，租税回避とは，税負担が減少していることが前提になるからです。

　したがって，①子会社への贈与，②親会社への配当が一連の取引であると認められたとしても，これらの取引と③株式譲渡が一連の取引と認められない場合には，租税回避として認定されるリスクが低くなると考えられます。

　また，①子会社への贈与，②親会社への配当，③株式譲渡という行為が一連の取引であると認められたとしても，事業目的が税負担の減少目的を上回っていると認められる場合（少なくとも，事業目的と税負担の減少目的が等しいと認められる場合）には，租税回避として認定されるリスクは低くなると考えられます。

※法人税法132条に規定されている同族会社等の行為計算の否認は，経済合理性や事業目的により判断すべきと言われています。そして，ヤフー事件を参考にすると，同法132条の2に規定されている包括的租税回避防止規定は，以下の4点により検討すべきと言われています。
(i)　税負担の減少の意図
(ii)　制度趣旨および目的からの逸脱
(iii)　不自然，不合理な行為の有無
(iv)　十分な事業目的の有無
　　しかし，ヤフー事件の調査官解説では，「①行為・計算の不自然性と，②そのような行為・計算を行うことの合理的な理由となる事業目的等の不存在は，単なる考慮事情にとどまるものではなく，実質的には，法132条の2の不当性要件該当性を肯定するために必要な要素であるとみることができるのではなかろうか（例えば，行為・計算の不自然性が全く認められない場合や，そのような行為・計算を行うことの合理的な理由となる事業目的等が十分に存在すると認められる場合には，他の事情を考慮するまでもなく，不当性要件に該当すると判断することは困難であると考えられる（徳地淳・林史高「判解」法曹時報69巻5号299頁（平成28年））」と解説されているため，実質的には，経済合理性，事業目的で判断すべきであると考えられます。
　　ただし，同調査官解説では，「行為・計算の不自然さ（異常性・変則性）の程度との比較や税負担の減少目的と事業目的の主従関係等に鑑み，行為・計算の合理性を説明するに足りる程度の事業目的等が存在するかどうかという点を考慮する上記…の考え方を採用す

58

る旨を明らかにするものと考えられよう（同上298頁）」としています。最近，公表されている国税不服審判所裁決事例もこの考え方に沿ったものとなっています（平成28年7月7日国税不服審判所非公開裁決例（TAINSコードＦ０－２－672））。

　このような事業目的と税負担の減少目的を比較するという考え方は，包括的租税回避防止規定に限定されずに，一般的な租税回避の考え方まで広がっていく可能性があります。すなわち，ご質問のケースにおいても，①子会社への贈与，②親会社への配当，③株式譲渡という行為が一連の取引であると認められた場合には，事業目的があるというだけでは足りずに，税負担の減少目的よりも事業目的のほうが大きいということを主張する必要があると考えられます。このような主張が税務調査において認められるためには，「税務上の取扱いを無視してでも似たようなことをしていた」ということが説明できることが前提になると思われます。

　なお，①子会社への贈与，②親会社への配当，③株式譲渡という行為が一連の取引であると認められない場合には，税負担の減少目的が認められないことから，租税回避として認定されるリスクが小さくなると考えられます。

Ｑ1-10　子会社に対して贈与を行った後に合併を行った場合

　弊社（以下，「Ａ社」という。）を合併法人とし，Ｂ社を被合併法人とする適格合併を予定しています。なお，Ｂ社の発行済株式の全部がＡ社によって保有されています。

　しかしながら，Ｂ社が債務超過であることから，Ｂ社に対して，100百万円の贈与を行った後に合併を行うことを予定しています。なお，本件の贈与は法人税基本通達９－４－１および９－４－２を満たさないと考えています。

　このような場合には，Ａ社の法人税法上の取扱いはどのようになるのでしょうか。

A

　ご質問のケースでは，条文上，Ａ社からＢ社に対する贈与については寄附修正事由に該当することから，Ａ社が保有するＢ社株式の帳簿価額を100百万円増加させます。

　その後，増加したＢ社株式の帳簿価額は，抱き合わせ株式の消却により資本

§1 無対価取引における基本的な取扱い　59

金等の額のマイナスとなるため，法人税の課税所得には影響を与えません。

解　説

　ご質問のケースは，法人（A社）による完全支配関係があることから，A社
からB社に対する贈与については，A社において寄附金として損金の額に算入
されず，B社において受贈益として益金の額に算入されません。さらに，寄附
修正事由に該当することから，B社において発生した受贈益に相当する金額
（100百万円）をA社が保有するB社株式の帳簿価額に加算する必要があります。
　また，適格合併に伴い，A社が保有するB社株式は，資本金等の額のマイナ
スとして取り扱われるため（法法2十六，法令8①五），法人税の課税所得に
は影響を与えません。具体的な仕訳は以下の通りです。

【A社の仕訳】

① B社への贈与

(i) 寄附金の損金不算入

| （寄　附　金） | 100百万円 | （現 金 預 金） | 100百万円 |

(ii) B社株式に対する修正

| （B 社 株 式） | 100百万円 | （利益積立金額） | 100百万円 |

② B社との吸収合併

（諸　資　産）	×××百万円	（諸　負　債）	×××百万円
		（資本金等の額）	10百万円
		（利益積立金額）	×××百万円
（資本金等の額）	110百万円	（B 社 株 式）	110百万円

※贈与前のB社株式の帳簿価額とB社における資本金等の額は10百万円とします。

60

【B社の仕訳】

① A社からの贈与

(現 金 預 金)　　　　100百万円　(受 贈 益)　　　　100百万円

　このように，法人税の課税所得には影響を与えませんが，贈与を行わずに適格合併を行う場合と比べ，B社株式の帳簿価額が100百万円増加していることから，合併後のA社における資本金等の額が100百万円減少するという結果になります。

Q1-11 子会社に対して贈与を行った後に清算した場合

　弊社（以下，「A社」という。）の子会社であるB社を清算することを予定しています。なお，B社の発行済株式の全部がA社によって保有されています。

　しかしながら，B社が債務超過であることから，B社に対して，100百万円の贈与を行った後に清算を行うことを予定しています。なお，本件の贈与は法人税基本通達9－4－1または9－4－2を満たさないと考えております。

　このような場合には，A社の法人税法上の取扱いはどのようになるのでしょうか。

A

　ご質問のケースでは，条文上，A社からB社に対する贈与が寄附修正事由に該当することから，A社が保有するB社株式の帳簿価額に100百万円を加算します。

　その後，B社の清算に伴い，B社株式の帳簿価額が資本金等の額のマイナスとして処理されるため，法人税の課税所得には影響を与えません。

§1　無対価取引における基本的な取扱い　*61*

解説

　ご質問のケースは，法人（A社）による完全支配関係があることから，A社からB社に対する贈与については，A社において寄附金として損金の額に算入されず，B社において受贈益として益金の額に算入されません。さらに，寄附修正事由に該当することから，B社において発生した受贈益に相当する金額（100百万円）をA社が保有するB社株式の帳簿価額に加算する必要があります。

　また，完全子法人であるB社の清算に伴い，A社が保有するB社株式に対して，株式譲渡損益が認識されず（法法61の2⑰），資本金等の額のマイナスとして取り扱われるため（法法2十六，法令8①二十二），法人税の課税所得には影響を与えません。具体的な仕訳は以下の通りです。

【A社の仕訳】

①　B社への贈与

(i)　寄附金の損金不算入

（寄　附　金）	100百万円	（現 金 預 金）	100百万円

(ii)　B社株式に対する修正

（B 社 株 式）	100百万円	（利益積立金額）	100百万円

②　B社の清算

（残 余 財 産）	0百万円	（B 社 株 式）	110百万円
（資本金等の額）	110百万円		

※B社の残余財産の金額をゼロとし，贈与前のB社株式の帳簿価額を10百万円とします。

【B社の仕訳】

①　A社からの贈与

（現 金 預 金）	100百万円	（受　贈　益）	100百万円

　このように，法人税の課税所得は増減しませんが，法人税基本通達9－4－

1または9－4－2の要件を満たす場合と比べ，B社株式の帳簿価額が100百万円増加していることから，清算後のA社における資本金等の額が100百万円減少するという結果になります。

※法人税基本通達9－4－1または9－4－2の要件を満たす場合には，A社において子会社整理損失として損金の額に算入され，B社において債務免除益または債務引受益として益金の額に算入されることから，法人税の課税所得に影響を与えます。

Q1-12 親会社に対して贈与を行った場合

　弊社（以下，「A社」という。）からP社に対して，100百万円の贈与を行うことを予定しています。なお，A社の発行済株式の全部がP社によって保有されています。

　このような場合には，P社の法人税法上の取扱いはどのようになるのでしょうか。

A

　P社において発生した受贈益は，益金の額に算入されません。

解 説

　ご質問のケースは，法人（P社）による完全支配関係があることから，A社からP社に対する贈与については，A社において寄附金として損金の額に算入されず，P社において受贈益として益金の額に算入されません。

　しかしながら，子会社から親会社に対する贈与であることから，株主等の地位に基づいて供与した経済的利益であるとして，受贈益ではなく，受取配当金として取り扱うべきであるという考え方もあり得ます（法基通1－5－4）。この点につき，『平成22年度版改正税法のすべて』209頁では，「また，利益又は剰余金の分配には，法人が剰余金又は利益の処分により配当又は分配をした

ものだけでなく，株主等に対しその出資者たる地位に基づいて供与した一切の経済的利益を含むものとして取り扱われています（法人税基本通達1−5−4）が，これが適用される経済的利益の移転については，寄附ではなく配当であるため，この改正の影響はなく，寄附修正も行わないことになります。」と解説されています。

しかしながら，同通達の適用は，出資者たる地位に基づいて供与した場合に限定されているのに対し，たとえ子会社から利益の供与を受けたとしても，出資者たる地位に基づいたものと認められる事案は稀であることから，一般的には，配当として認定されるケースは稀であると考えられます。

Q1−13 兄弟会社に対して贈与を行った後に清算した場合

弊社（以下，「P社」という。）の子会社であるA社を清算することを予定しています。A社の資産超過額が10百万円であり，資本金等の額が10百万円であるところ，A社からB社に対して100百万円の贈与を行った後に特別清算を行うことにより，A社の親会社であるP社において90百万円の貸倒損失を認識することを予定しています。

なお，A社およびB社の発行済株式の全部がP社によって保有されています。

このような場合には，P社およびA社における法人税法上の取扱いはどのようになるのでしょうか。

A

P社で発生した貸倒損失は，A社に対する寄附金として処理すべきであると考えられます。

解 説

(1) A社からB社に対する贈与についての法人税法上の取扱い

　ご質問のケースは，法人（P社）による完全支配関係があることから，A社からB社に対する贈与については，A社において寄附金として損金の額に算入されず，B社において受贈益として益金の額に算入されません。

　さらに，寄附修正事由に該当することから，A社において発生した寄附金に相当する金額をP社が保有するA社株式の帳簿価額から減算し，B社において発生した受贈益に相当する金額（100百万円）をP社が保有するB社株式の帳簿価額に加算する必要があります。しかしながら，完全子法人であるA社の清算に伴い，P社が保有するA社株式には，株式譲渡損益が認識されず（法法61の2⑰），資本金等の額のマイナスとして取り扱われるため（法法2十六，法令8①二十二），法人税の課税所得には影響を与えません。

(2) P社において発生する貸倒損失についての税務上の取扱い

　さらに，P社において発生する貸倒損失が損金の額に算入することができる場合には，A社において発生する債務免除益が益金の額に算入されます。この場合，法人税法59条3項において，A社（解散法人）における解散後の清算事業年度では，清算事業年度前の各事業年度において生じた特例欠損金（期限切れ欠損金）を損金の額に算入することが認められています。

　この場合における特例欠損金の損金算入額は，「適用年度の前事業年度以前の事業年度から繰り越された欠損金額の合計額」から，「繰越欠損金額または災害損失金額」を控除した金額とされており（法令118），「適用年度の前事業年度以前の事業年度から繰り越された欠損金額の合計額」とは，適用年度の前事業年度の法人税確定申告書に添付する別表五（一）「利益積立金額及び資本金等の額の計算に関する明細書」に差引翌期首現在利益積立金額の合計額として記載されるべき金額で，当該金額が負（マイナス）である場合の当該金額が

該当するとされています（法基通12-3-2）。

<別表五（一）>

I　利益積立金額の計算に関する明細書			
区分	期首現在利益積立金額	当期の増減		差引翌期首現在利益積立金額
		減	増	
	①	②	③	④
×××	××百万円	××百万円	××百万円	××百万円
小計	××百万円	××百万円	××百万円	××百万円
納税充当金	××百万円	××百万円	××百万円	××百万円
未納法人税等	××百万円	××百万円	××百万円	××百万円
差引合計額	××百万円	××百万円	××百万円	△100百万円

「適用年度の前事業年度以前の事業年度から繰り越された欠損金額の合計額」
＝100百万円

　すなわち，残余財産確定の日の前事業年度における繰越欠損金が30百万円である場合には，清算前におけるA社の利益積立金額が△100百万円に減少していることから，特例欠損金が70百万円となるため，P社で発生した貸倒損失が損金の額に算入された場合には，A社において益金の額に算入される債務免除益と贈与により創出された特例欠損金とを相殺することが可能になるという問題が生じます。

　そのため，A社における特例欠損金の損金算入を否定するか，P社における貸倒損失について寄附金として損金算入を否定するかのいずれかの認定を行うべきであると考えられます。この点については，P社において発生した貸倒損失は，回収不能なものが切り捨てられたのではなく，回収不能にしたうえで切り捨てたという性格のものであることから，寄附金として処理すべきであると考えられます。そのため，P社において発生した貸倒損失を寄附金として損金

の額に算入させるべきではなく，A社において発生した債務免除益を受贈益として益金の額に算入させるべきではないと考えられます。

Q1-14 子会社に対して債権放棄を行った後に，グループ外の法人に対して子会社株式を譲渡した場合

弊社（以下，「A社」という。）からB社に対して，100百万円の債権放棄を行うことを予定しています。なお，B社の発行済株式の全部がA社によって保有されています。

さらに，債権放棄を行った後に，グループ外の法人に対して，B社株式を無償で譲渡することを予定しています。

このような場合には，A社およびB社の法人税法上の取扱いはどのようになるのでしょうか。

A

法人税基本通達9－4－1の要件を満たす場合には，A社において発生した債権放棄損が損金の額に算入され，B社において発生した債務免除益が益金の額に算入されます。

解 説

(1) 法人税基本通達9－4－1の内容

債務超過である子会社を売却する場合には，買収会社が債務超過部分を引き受けるわけにはいかないことから，株式譲渡前に債務超過を解消する必要があります。

例えば，超過収益力を考慮した時価ベースの債務超過が100百万円である場合，親会社が100百万円の債権放棄を行って，債務超過を解消してから，備忘価額で株式を譲渡することが考えられます。

§1 無対価取引における基本的な取扱い　67

　このような場合に，法人税法上，当該債権放棄等に係る損失を損金の額に算入することができるか否かが問題になります。

　原則として，債権放棄は，寄附金として取り扱われてしまうので，損金の額に算入することができません（法法37）。しかしながら，法人税基本通達9－4－1によると，「法人がその子会社等の解散，経営権の譲渡等に伴い当該子会社等のために債務の引受けその他の損失負担または債権放棄等（以下9－4－1において「損失負担等」という。）をした場合において，その損失負担等をしなければ今後より大きな損失を蒙ることになることが社会通念上明らかであると認められるためやむを得ずその損失負担等をするに至った等そのことについて相当な理由があると認められるときは，その損失負担等により供与する経済的利益の額は，寄附金の額に該当しないものとする」ことが明らかにされています。

　すなわち，株式譲渡により，第三者に対して子会社を売却する場合には，法人税基本通達9－4－1に規定する「経営権の譲渡」に該当します。さらに，経営上の判断により経営権を譲渡した場合には，親会社として今後発生するおそれのある損失を減らすためにやむを得ず行った債権放棄であると認定される可能性が高いと考えられます。

　したがって，ご質問のケースでは，法人税法上，A社において発生する債権放棄損を損金の額に算入することができる可能性が高いと考えられます。

(2)　法人税基本通達9－4－1の要件を満たす場合

　前述のように，法人税基本通達9－4－1の要件を満たす場合には，A社が行う100百万円の債権放棄により生じた損失は，法人税法上，損金の額に算入することができます。これに対し，B社では，受贈益の益金不算入を適用することができないため，100百万円の債務免除益が発生し，益金の額に算入されます。

【A社の仕訳】

① B社への債権放棄

（寄　　附　　金）	100百万円	（貸　　付　　金）	100百万円

② B社株式の譲渡

（現　金　預　金）	0百万円	（B　社　株　式）	10百万円
（株式譲渡損失）	10百万円		

※債権放棄前のB社株式の帳簿価額を10百万円とします。

【B社の仕訳】

① A社からの債務免除

（借　　入　　金）	100百万円	（債　務　免　除　益）	100百万円

※前述のように，法人税基本通達9－4－1の要件を満たす場合には，B社において発生した債務免除益は，益金の額に算入されます。
　そのため，B社が保有する繰越欠損金の金額よりも債務免除益の方が大きい場合には，債務免除益が繰越欠損金を超える部分の金額について，法人税，住民税および事業税の負担が発生してしまいます。
　この点につき，法人税基本通達12－3－1(3)の要件を満たす場合には，法人税法59条2項および同法施行令117条5号の規定を適用し，特例欠損金（期限切れ欠損金）の損金算入が認められています。

(3) 法人税基本通達9－4－1の要件を満たさない場合

　これに対し，法人税基本通達9－4－1の要件を満たさない場合には，法人税法上，A社において発生した100百万円の債権放棄損について，寄附金の損金不算入により，損金の額に算入されず，B社において発生した100百万円の債務免除益について，受贈益の益金不算入により，益金の額に算入されません。

　さらに，寄附修正事由が発生することから，B社株式の帳簿価額に100百万円が加算されます。その後，B社株式を譲渡することから，B社株式譲渡損が100百万円増加するため，結果として，100百万円の債権放棄損が損金の額に算入されたのと同じ効果が発生します。これに対し，B社において発生した債務

免除益が益金の額に算入されないことから，結果として，法人税基本通達9－4－1の要件を満たさない方が有利な結論になります。

そのため，法人税基本通達9－4－1の要件を満たさないものとして確定申告を行ったとしても，税務調査において，積極的に法人税基本通達9－4－1の要件を満たすものと認定され，親会社において債権放棄損失を損金の額に算入し，子会社において債務免除益を益金の額に算入すべきであると認定される可能性もあるので，ご留意ください。

【A社の仕訳】

① B社への債権放棄

(i) 寄附金の損金不算入

(寄 附 金)	100百万円	(貸 付 金)	100百万円

(ii) B社株式に対する修正

(B 社 株 式)	100百万円	(利益積立金額)	100百万円

② B社株式の譲渡

(現 金 預 金)	0百万円	(B 社 株 式)	110百万円
(株式譲渡損失)	110百万円		

※債権放棄前のB社株式の帳簿価額を10百万円とします。

【B社の仕訳】

① A社からの債務免除

(借 入 金)	100百万円	(受 贈 益)	100百万円

70

Q1-15 子会社に対してDESを行った後に，子会社株式を譲渡した場合

　弊社（以下，「A社」という。）からB社に対して，100百万円のDES（デット・エクイティ・スワップ）を行うことを予定しています。なお，B社の発行済株式の全部がA社によって保有されています。

　さらに，DESを行った後に，グループ外の法人に対して，B社株式を無償で譲渡することを予定しています。

　このような場合には，A社およびB社の法人税法上の取扱いはどのようになるのでしょうか。

A

　非適格現物出資に該当するため，法人税基本通達9－4－1の要件を満たした場合には，A社において発生した現物出資損失が，損金の額に算入され，B社において発生した債務消滅益が，益金の額に算入されます。

解 説

　デット・エクイティ・スワップ（DES）とは，発行法人に対する金銭債権を現物出資対象資産とする現物出資をいいます。

　すなわち，会社法上，現物出資として取り扱われることから，法人税法上も現物出資として取扱い，適格現物出資に該当するか否かの判定を行います。しかし，デット・エクイティ・スワップを行った場合には，金銭債権のみが現物出資により移転することから，事業継続要件を満たさないため，完全支配関係内の現物出資を除き，非適格現物出資として取り扱われます。

　また，完全支配関係内の現物出資に該当するためには，現物出資の直前だけでなく，現物出資の後も完全支配関係が継続することが見込まれている必要があるところ（法法2十二の十四イ，法令4の3⑬），ご質問のケースでは，グループ外の法人にB社株式（被現物出資法人株式）を譲渡することが見込まれ

§1 無対価取引における基本的な取扱い　71

ていることから，完全支配関係内の現物出資には該当しません。したがって，
ご質問のケースは，非適格現物出資として取り扱われます。

　非適格現物出資に該当した場合において，現物出資の対象となった債権の時
価が帳簿価額と異なるときは，現物出資法人において現物出資損失が発生しま
す（法基通2-3-14）。当該現物出資損失は，Q1-14で解説したように，
法人税基本通達9-4-1の要件を満たし，法人税法上，損金の額に算入する
ことができる可能性が高いと考えられます。

　これに対し，被現物出資法人では，時価で債権の移転を受けますが，債権の
時価と債務の帳簿価額に差異が生じる場合には，債務消滅益が生じるという問
題があります。具体的には，以下の仕訳をご参照ください。

【A社の仕訳】

① B社への現物出資

| （株　　　　式） | 0百万円 | （貸　付　金） | 100百万円 |
| （現物出資損失） | 100百万円 | | |

② B社株式の譲渡

| （現　金　預　金） | 0百万円 | （B　社　株　式） | 10百万円 |
| （株式譲渡損失） | 10百万円 | | |

※現物出資前のB社株式の帳簿価額を10百万円とします。

【B社の仕訳】

① A社からの現物出資

| （貸　付　金） | 0百万円 | （資本金等の額） | 0百万円 |

② 混同による消滅

| （借　入　金） | 100百万円 | （貸　付　金） | 0百万円 |
| | | （債務消滅益） | 100百万円 |

72

Q1-16 子会社に対して増資を行った後に，子会社株式を譲渡した場合

　弊社（以下，「A社」という。）からB社に対して，100百万円の増資による金銭の払込みを予定しています。なお，B社の発行済株式の全部がA社によって保有されています。

　さらに，増資を行った後に，グループ外の法人に対して，B社株式を無償で譲渡することを予定しています。

　このような場合には，A社およびB社の法人税法上の取扱いはどのようになるのでしょうか。

A

　法人税基本通達9－4－1の要件を満たす場合には，A社において発生した株式譲渡損失については，損金の額に算入されます。

解 説

(1) 法人税基本通達9－4－1の要件を満たす場合

　債務超過である子会社を売却する場合には，買収会社が債務超過部分を引き受けるわけにはいかないことから，株式譲渡前に債務超過を解消する必要があります。

　例えば，超過収益力を考慮した時価ベースの債務超過が100百万円である場合，親会社が100百万円の増資による金銭の払込みを行って，債務超過を解消してから，備忘価額で株式を譲渡することが考えられます。

　この場合には，親会社が増資により払い込んだ金銭の額が，有価証券の取得価額として取り扱われます（法令119①二）。その後，買収会社に対して，子会社株式を譲渡することから，株式譲渡損失が発生します。そのため，法人税法上，当該株式譲渡により生じた損失を損金の額に算入することができるか否か

§1 無対価取引における基本的な取扱い 73

が問題になります。

この点につき，債務超過会社に対する増資は，投資した資金が回収できないことが明らかであることから，寄附行為に該当するという考え方もあります。

しかし，そうであっても，第三者に対して子会社株式を譲渡するために行った増資である場合には，Ｑ1－14で解説したように，法人税基本通達9－4－1に該当する可能性が高いことから，実務上，株式譲渡損を損金の額に算入できる場合が多いと考えられます。

これに対し，子会社において，増資により払い込まれた金銭の額は，資本金等の額として取り扱われます（法令8①一）。その結果，増資を行った場合には，債権放棄を行った場合と異なり，債務免除益は発生しません。

そのため，増資に伴う住民税均等割，事業税資本割の増加，登録免許税の支払いを除き，子会社において債務免除益が発生しない分だけ，Ｑ1－14で解説した債権放棄による手法に比べて有利であると考えられます。

【A社の仕訳】

① B社への増資

| （B 社 株 式） | 100百万円 | （現 金 預 金） | 100百万円 |

② B社株式の譲渡

| （現 金 預 金） | 0百万円 | （B 社 株 式） | 110百万円 |
| （株式譲渡損失） | 110百万円 | | |

※増資前のB社株式の帳簿価額を10百万円とします。

【B社の仕訳】

① A社からの増資

| （現 金 預 金） | 100百万円 | （資本金等の額） | 100百万円 |

なお，子会社B社において，第三者割当増資により払い込まれた金銭が，親会社からの借入金の弁済に充てられた場合には，いわゆる疑似DESと言われる

手法が行われたことになります。もし，親会社A社から子会社B社に対する貸付金を現物出資する手法，すなわち，DES（デット・エクイティ・スワップ）が行われた場合には，Q1-15で解説したように，子会社において債務消滅益課税が発生します。

　このような擬似DESは，租税回避であるという理由により，DESと同様に，債務消滅益を認識すべきであるという考え方もあり得ます。そのため，以下では，擬似DESが租税回避であると認定され，債務消滅益として課税されるか否かについて検討を行います。

　過去の判例を分析すると，債務者側での債務消滅益課税（債務免除益課税）を認定した事例は存在しませんが，債権者側での寄附金課税を認定した事件として，相互タクシー事件（福井地判平成13年1月17日TAINSコードZ250-8815），日本スリーエス事件（東京地判平成12年11月30日TAINSコードZ249-8788）が挙げられます。具体的には，相互タクシー事件では，実質的に「払込みをした金銭の額」に該当しないものとして寄附金として処理し，日本スリーエス事件では，同族会社等の行為計算の否認（法法132）を適用することにより，それぞれ否認されています。

　しかしながら，いずれの事件でも，増資により新株を発行した子会社における受贈益課税は行われていません。この点につき名古屋高裁では「私法上（商法上）有効な増資払込みであっても，法人税法上，それを『寄附金』と認定することが妥当である。…（省略）…同じ増資払込行為を受入側では増資払込と認定しながら，払込側では寄附金の支出と認めることは，法人税法上では，何ら異とするに足りないのである。」としており，受入側で資本勘定に組み入れたことと，払込側にとって寄附金が発生することとは，何ら矛盾するものではないとしています。

　なお，当時の法人税法では，会計上の資本準備金と法人税法上の資本積立金額がおおむね一致していたことから，受贈益までは認定されなかったと推定されるため，これらの事件において受贈益として課税されなかったといって，擬似DESを行った場合に，債務消滅益課税（債務免除益課税）がなされないとは

§1　無対価取引における基本的な取扱い　75

断定できません。そのため，これらの事件を参考にするのであれば，時価がゼロ円である株式100百万円を発行し，対価として100百万円の払込みを受けているため，時価を超える金銭の払込みに対して受贈益として課税される可能性が考えられます。

　しかしながら，§2で解説するように，新株予約権を発行する場合において，その新株予約権と引換えに払い込まれる金銭の額がその新株予約権のその発行の時の価額に満たないときは，その満たない部分の金額に相当する金額は，発行法人の課税所得の計算上，損金の額に算入されないこととされており，新株予約権の発行の時の価額を超えるときは，益金の額に算入されないこととされています（法法54の2⑤）。法人税法上，発行法人において，新株予約権を負債として取り扱うことから，あえてこのような規定が設けられていますが，この規定が設けられた趣旨として，『平成18年版改正税法のすべて』349頁において，「新株予約権を利用した取引は従前より資本等取引に類似した取引と考えられていましたが，発行の場面においては資本等取引と同様に発行法人側に損金及び益金が生じないことを処理面から明確にしたものです。なお，この規定は，新株予約権者の取扱いに何ら影響を与えるものではありません。」と解説されています。

　このように，資本等取引の類似取引である新株予約権の発行において，時価と異なる価額であったとしても，損金および益金の額に算入しないと考えられているのであるから，株式の発行においても，時価を超える金銭の払込みであっても資本等取引と考えることにより，受贈益を認識しないということが，法人税法の基本的な考え方であると考えられます。

　したがって，これを超えて否認しようとするのであれば，極めて異常な取引に対してのみ，同族会社等の行為計算の否認を適用するという考え方になるため，実務上，このような否認がなされる可能性は極めて稀であると考えられます。

(2) 法人税基本通達9－4－1の要件を満たさない場合

　法人税基本通達9－4－1の要件を満たさない場合には，法人税法上，A社において発生した100百万円の株式譲渡損失について，寄附金の損金不算入により，損金の額に算入されません。この場合において，通常の寄附金と同様に，損金算入限度額の範囲内で損金の額に算入することができるのか，それとも，完全支配関係のある法人に対する寄附金であることからその全額が損金の額に算入することができないのかが問題になります。

　この点については，法人税法37条2項において，「第25条の2第2項に規定する受贈益の額に対応するものに限る。」と規定されているため，B社において受贈益の益金不算入が適用される場合にのみ，A社において寄附金の全額を損金の額に算入することができないと考えられます。

　これに対し，B社の税務処理としては，増資により払い込まれた金銭の額が資本金等の額として取り扱われ，受贈益の益金不算入の適用対象にならないため，A社においても，通常の寄附金と同様に，損金算入限度額の範囲内で損金の額に算入することができると考えられます。

> ### Q1-17　孫会社から子会社に対して贈与を行った後に，子会社株式を譲渡した場合
>
> 　弊社（以下，「B社」という。）からA社に対して，100百万円の贈与を行うことを予定しています。なお，B社の発行済株式の全部がA社によって保有されており，A社の発行済株式の全部がP社によって保有されています。
>
> 　また，贈与を行った後にP社が保有するA社株式を譲渡することを予定しています。
>
> 　このような場合には，P社の法人税法上の取扱いはどのようになるのでしょうか。

A

ご質問のケースでは，条文上，B社からA社に対する贈与が寄附修正事由に該当することから，A社が保有するB社株式の帳簿価額を100百万円減少させ，P社が保有するA社株式の帳簿価額を100百万円増加させます。

しかしながら，ご質問のケースが租税回避に該当するという認定を受けた場合には，事実認定または同族会社等の行為計算の否認により否認を受ける可能性があるため，ご留意ください。

解 説

ご質問のケースは，法人（P社）による完全支配関係があることから，B社からA社に対する贈与については，B社において寄附金として損金の額に算入されず，A社において受贈益として益金の額に算入されません。

さらに，寄附修正事由に該当することから，B社において発生した寄附金に相当する金額（100百万円）をA社が保有するB社株式の帳簿価額から減算し，A社において発生した受贈益に相当する金額（100百万円）をP社が保有するA社株式の帳簿価額に加算する必要があります。この点につき，B社において寄附金が発生していることから，連鎖的な修正を行い，B社において発生した寄附金に相当する金額（100百万円）をP社が保有するA社株式の帳簿価額から減算することが理論的ですが，このような連鎖的な修正を行いません（16〜17頁参照）。

その結果，孫会社（B社）から子会社（A社）に対する贈与を行うことにより，親会社（P社）が保有する子会社株式（A社株式）の帳簿価額を引き上げることができます。その一方で，孫会社（B社）から子会社（A社）に対して贈与が行われただけなので，子会社（A社）の株式価値は何ら増加していません。すなわち，贈与を行った後に株式を譲渡することにより，不当にA社株式譲渡益を減少またはA社株式譲渡損を増加させることが可能となっています。

そのため，孫会社（B社）から子会社（A社）に対する贈与と親会社（P社）による子会社株式の譲渡が一連の取引であると認められる場合には，事実

認定または同族会社等の行為計算の否認（法法132）により，贈与を行ったのではなく，配当を行ったという否認が行われる可能性があります。なぜならば，孫会社（B社）から子会社（A社）に対して配当を行ったという認定を受けた場合には，P社が保有するA社株式の帳簿価額は引き上げられないからです。

とりわけ，Q1－12で解説したように，孫会社から子会社に対する贈与が，株主等の地位に基づいて供与した経済的利益であると認められる場合には，法人税基本通達1－5－4により，受贈益ではなく，受取配当金として取り扱うべきであるとして規定されていることから，そのような否認は十分に考えられます。

Q1-18 子会社から孫会社に対して贈与を行った後に，子会社株式を譲渡した場合

弊社（以下，「A社」という。）からB社に対して，100百万円の贈与を行うことを予定しています。なお，B社の発行済株式の全部がA社によって保有されており，A社の発行済株式の全部がP社によって保有されています。

また，贈与を行った後にP社が保有するA社株式を譲渡することを予定しています。

このような場合には，P社の法人税法上の取扱いはどのようになるのでしょうか。

A ....

ご質問のケースは，条文上，A社からB社に対する贈与が寄附修正事由に該当することから，A社が保有するB社株式の帳簿価額を100百万円増加させ，P社が保有するA社株式の帳簿価額を100百万円減少させます。

§1　無対価取引における基本的な取扱い　79

解 説 ....

　ご質問のケースは，法人（P社）による完全支配関係があることから，A社からB社に対する贈与については，A社において寄附金として損金の額に算入されず，B社において受贈益として益金の額に算入されません。

　さらに，寄附修正事由に該当することから，B社において発生した受贈益に相当する金額（100百万円）をA社が保有するB社株式の帳簿価額に加算し，A社において発生した寄附金に相当する金額（100百万円）をP社が保有するA社株式の帳簿価額から減算する必要があります。

　なお，B社において受贈益が発生したとしても，連鎖的な修正は行われないことから（16～17頁参照），A社において寄附金が発生したという事実をもって，P社が保有するA社株式の帳簿価額が100百万円だけ減少するという結果になります。

　その結果，贈与を行った後に株式を譲渡することにより，A社株式譲渡益が増加またはA社株式譲渡損が減少してしまうため，留意が必要です。

§2

資本等取引

　資本等取引が行われた場合には，一方の法人で受贈益として処理されない場合が多い。そのため，他方の法人で寄附金として処理されたとしても，損金算入限度額の範囲内で損金の額に算入することができる場合がある。

　本セクションでは，無対価により資本等取引を行った場合における税務上の取扱いについて解説を行う。ただし，役員および従業員に対するインセンティブプランとしての株式報酬制度やストックオプションは，無対価取引とは言い難いことから，本書では解説を行わない。

1 株式譲渡

1 低廉譲渡

　M＆Aのように，利害の対立する第三者間の売買であれば，租税法上も時価として取り扱うことが一般的である[1]。しかし，親族，従業員，取引先などと売買を行う場合には，お手盛りによる価額が用いられることも考えられるため，低廉譲渡が行われやすい。そのため，第三者間取引と認められない場合は，租税法上の問題が生じないように，財産評価基本通達に定める評価額で売買されることが少なくない。

　租税法上，譲渡人，譲受人が個人であるのか，法人であるのかにより適用される法律が異なる。まず，譲渡人と譲受人の双方が個人である場合には，取引価額が時価を下回る部分の金額について，譲受人において贈与税が課されるかどうかが問題となる（相法7）。これに対し，譲渡人では取引価額が時価を下回ったとしても，実際の取引価額を収入金額として譲渡所得の計算を行う。

　支配株主から従業員や取引先に対して少数株主にとっての株式価値で譲渡をした場合であっても，譲受人である従業員や取引先にとっては少数株主にとっての株式価値が時価であることから，贈与税の問題は生じない[2]。しかし，少数株主に対して譲渡した株式を支配株主が買い戻す場合において，少数株主にとっての株式価値を取引価額としてしまうと，譲受人である支配株主において贈与税が課される[3]。このように，少数株主にとっての株式価値により取得した者またはその相続人から買い戻す場合であっても，支配株主にとっての株式価値を取引価額としないと贈与税が課されてしまうという問題がある。

1　小原一博『法人税基本通達逐条解説』718頁（大蔵財務協会，八訂版，平成28年），三又修ほか『平成29年版所得税基本通達逐条解説』718頁（大蔵財務協会，平成29年），森富幸『取引相場のない株式の税務』125頁（日本評論社，第3版，平成27年），佐藤信祐・松村有紀子『企業買収・グループ内再編の税務』63頁（中央経済社，平成22年）。

2　森前掲（注1）151頁，牧口晴一・齋藤孝一『非公開株式譲渡の法務・税務』289頁（中央経済社，第5版，平成29年）。

3　森前掲（注1）152頁，牧口ほか前掲（注2）290-291頁。

次に，譲渡人が個人であり，譲受人が法人である場合には，譲受人である法人で生じる受贈益に対して法人税が課されるかどうかが問題となる（法法22②）。さらに，譲受人も個人である場合と異なり，時価の2分の1に満たない価額で譲渡を行ったときは，時価で譲渡を行ったものとみなして，譲渡人である個人において譲渡所得税が課税される（所法59①二，所令169）。なお，同族会社等の行為計算の否認が適用される場合には，時価の2分の1以上の価額で譲渡を行ったときであっても，時価で譲渡を行ったものとみなして譲渡損益を認識する必要がある（所基通59-3）。

譲渡人が法人であり，譲受人が個人である場合には，譲受人である個人で生ずる受贈益に対して所得税が課されるかどうかが問題となる（所法36①）。さらに，譲渡人が個人である場合と異なり，時価の2分の1以上の価額で譲渡を行ったときであっても，譲渡人である法人における法人税の計算上，時価で譲渡を行ったものとみなして譲渡損益を認識する必要がある（法法61の2①一）。

最後に，譲渡人と譲受人の双方が法人である場合には，前述のように，譲受人で生ずる受贈益，譲渡人で生ずるみなし譲渡益に対して，それぞれ法人税が課される。

このように，譲渡人，譲受人が個人であるのか，法人であるのかにより適用される法律が異なる。もっとも，財産評価基本通達は相続税法の通達であり，法人税法，所得税法の通達ではない。そのため，法人税基本通達，所得税基本通達では，それぞれ財産評価基本通達を準用することができる旨が定められている。

2 ┃ 高額譲渡

租税法上，時価よりも高い価額で譲渡が行われた場合であっても，課税上の問題が生じることがあり得る。

まず，譲渡人と譲受人の双方が個人である場合には，取引価額が時価を上回る部分の金額について，譲渡人において贈与税が課されるかどうかが問題とな

る（相法 7）。この場合には，所得税法 9 条16号において，「相続，遺贈又は個人からの贈与により取得するもの」に対しては所得税が課されないこととされているため，譲渡人における譲渡所得の一部が贈与税の課税所得に振り替えられることになる。

　次に，譲渡人が個人であり，譲受人が法人である場合には，取引価額が時価を上回る部分の金額について，譲渡人である個人において，譲渡所得ではなく，他の所得（一時所得など）として処理すべきかが問題となるが，それほど所得税額が大きく異ならないことも多いため，実務上，議論になることは多くはない。

　これに対し，譲受人である法人において，取引価額が時価を上回る部分の金額を有価証券の取得価額ではなく，寄附金として処理すべきではないかという議論が生じる。なぜなら，法人税法施行令119条 1 項 1 号では，「購入の代価」と規定されており，一般的に，購入の代価とは商品の値段のことをいうことから，取引価額が時価を上回る部分の金額は購入の代価とは認めることができず，寄附金として処理すべきだからである（法法37）。

　しかしながら，譲受人である法人が有価証券を譲渡せずに，そのまま保有し続けている場合には，寄附金として認定されたとしても，有価証券の取得価額の否認としての減算留保処理，寄附金としての加算流出が両建てで行われるだけで，課税所得は変わらないことから，税務調査において指摘されることは多くはない。そのため，このような事案においては，譲渡人である個人にとっても，譲受人である法人にとっても，実務上，問題になることはそれほど多くはない。

　譲渡人が法人であり，譲受人が個人である場合には，譲渡人である法人にとっては，有価証券譲渡益として課税されたとしても，受贈益として課税されたとしても，課税所得は変わらないことから，実務上，問題にはならない。なお，譲受人である個人における取得費の議論については，前述の譲受人が法人である場合の議論と同様である。

　最後に，譲渡人と譲受人の双方が法人である場合には，完全支配関係のある

§2 資本等取引 85

法人に対して有価証券を譲渡する場合を除き，すでに解説した内容と変わらない。

このように，理論上は，時価よりも高い価額で譲渡が行われた場合であっても，課税上の問題が生じるが，実務上，問題とならないことも多いというのが実態である。

3 ▌無償譲渡

無償で有価証券を譲渡した場合であっても，譲渡人と譲受人の双方が個人であるときは，譲受人の贈与税のみが問題となり，譲渡人では０円で譲渡をしていることから，譲渡所得は生じない。

これに対し，譲渡人と譲受人の一方または双方が法人である場合には，前述の低廉譲渡と同様の議論が生じる。すなわち，譲渡人が個人であり，譲受人が法人である場合には，譲受人である法人では，無償による資産の譲受けが行われていることから，受贈益に対して法人税が課される（法法22②）。さらに，譲渡人である個人においても，時価で譲渡を行ったものとみなして譲渡所得税が課される（所法59①一）。

譲渡人が法人であり，譲受人が個人である場合には，譲受人である個人で生ずる受贈益に対して所得税が課される（所法36①）。さらに，譲渡人である法人では，無償による資産の譲渡が行われていることから，時価で譲渡を行ったものとみなして譲渡損益を認識する必要がある（法法22②，61の２①一）。

最後に，譲渡人と譲受人の双方が法人である場合には，前述のように，譲受人で生ずる受贈益，譲渡人で生ずるみなし譲渡益に対して，それぞれ法人税が課される。

2 自己株式の取得

1 時価による取得

(1) 株主

　法人の株主が，当該法人による自己株式の取得により金銭その他の資産の交付を受けた場合において，その金銭の額および金銭以外の資産の価額の合計額が当該法人の資本金等の額のうちその交付の基因となった当該法人の株式に対応する部分の金額を超えるときは，その超える部分の金額は，みなし配当として取り扱われる（法法24①五，所法25①五）。さらに，株主にとっては，株式の譲渡取引でもあることから，みなし配当の計算だけでなく，株式譲渡損益の計算をする必要がある。具体的には，譲渡対価の額からみなし配当に相当する金額を控除したうえで，株式譲渡損益の計算を行うことになる（法法61の2①一，措法37の10③五）。そのため，株式譲渡損益の一部がみなし配当に付け替えられる結果になる。

　なお，法人の株主が個人である場合には，株式等に係る譲渡所得の金額の計算上生じた損失の金額があるときは，当該損失の金額はなかったこととみなされるため，配当所得との損益通算を行うことはできないという点にご留意されたい（措法37の10①）。

※平成22年度税制改正により，グループ法人税制が導入され，完全支配関係のある子会社に対して，自己株式を買い取らせた場合には，株式譲渡損益を認識せず，資本金等の額の増減項目として取り扱うことになった（法法61の2⑰，2十六，法令8①二十二）。

(2) 発行法人

　会計上の処理にかかわらず，法人税法上は，平成18年度税制改正により，自己株式は資産（有価証券）に計上せず（法法2二十一），取得資本金額（普通

§2 資本等取引 87

株式のみを発行している場合には，当該法人の自己株式の取得等の直前の資本金等の額を株数按分した金額）を取得等の時に資本金等の額から減算することになった（法令8①二十）。また，自己株式の取得等により交付した金銭の額および金銭以外の資産の価額の合計額が取得資本金額を超える場合におけるその超える部分の金額は利益積立金額の減算項目として取り扱われる（法令9①十四）。

※交付した金銭の額および金銭以外の資産の価額の合計額が，取得資本金額（当該法人の自己株式の取得等の直前の資本金等の額を株数按分した金額）に満たない場合には，減少すべき資本金等の額は，交付した金銭の額および金銭以外の資産の価額の合計額となる。すなわち，利益積立金額を増減させず，交付した金銭の額および金銭以外の資産の価額の合計額に相当する金額だけ，資本金等の額を減少させることになる。
※当該法人の自己株式の取得等の直前の資本金等の額が零以下である場合には，資本金等の額を増減させず，すべて利益積立金額の減少として取り扱う。
※平成18年度税制改正により，自己株式が有価証券でなくなったため，自己株式の取得に要した付随費用は，支出時の損金の額に算入されることになった。

2 低廉取得

(1) 有価証券を譲渡した株主

　前述のように，法人の株主が，当該法人による自己株式の取得により金銭その他の資産の交付を受けた場合において，その金銭の額および金銭以外の資産の価額の合計額が当該法人の資本金等の額のうちその交付の基因となった当該法人の株式に対応する部分の金額を超えるときは，その超える部分の金額は，みなし配当として取り扱われる。

　しかし，自己株式の時価が200,000千円であるにもかかわらず，150,000千円で譲渡をした場合には，差額である50,000千円をどのように取り扱うべきかが問題になる。この点については，法人税法24条1項，所得税法25条1項において，「当該法人の次に掲げる事由により金銭その他の資産の交付を受けた場合において，その金銭の額および金銭以外の資産の価額（括弧内省略）の合計額

が……」と規定されており，実際に株主に交付した金銭の額を基礎にみなし配当の計算をすることが明らかにされているため，あるべき時価よりも低額であるからといって，条文上，株主に交付した金銭の額を時価まで引き上げることは認められていない。したがって，差額である50,000千円をみなし配当の金額に含めることはできない。

これに対し，株主が法人である場合には，法人税法61条の2第1項1号において，有価証券の譲渡により通常得べき対価の額により有価証券譲渡損益の計算を行うことが明らかにされていることから，時価よりも安い価額により譲渡を行った場合には，時価で譲渡を行ったものとして益金の額を計算することになる。また，株主が個人である場合には，所得税法59条1項2号および同法施行令169条において，時価の2分の1を下回る価額により譲渡を行ったときに，時価により譲渡を行ったものとして譲渡損益の計算を行うことが明らかにされている（措通37の10・37の11共－22）。

(2) 既存株主

例えば，A社の株主がX氏とY氏のみである場合において，一方の株主であるX氏から時価を下回る金額によりA社が自己株式を取得した場合には，Y氏の保有するA社株式の時価が増加することから，X氏からY氏に対する贈与があったと考えるべきであり，贈与税の問題を検討する必要がある。

この点につき，相続税法基本通達9－2では，X氏が行った行為により，Y氏の保有するA社株式の時価が増加した場合には，当該増加した部分に相当する金額について，X氏からY氏に対する贈与があったものとすることが明らかにされている。すなわち，自己株式の買取りを行う前におけるY氏が保有するA社株式の時価が100,000千円であり，自己株式の買取りを行った結果，120,000千円になった場合には，X氏からY氏に対する20,000千円の贈与があったものとして，贈与税の計算を行う必要がある。

これに対し，一方または双方の株主が法人である場合には，相続税法が適用

されず，法人税法または所得税法の問題となるが，条文上，他の株主が発行法人に対して贈与したことにより，保有する株式の時価が増加したとしても，当該時価の増加に対して受贈益として課税するという規定は存在しない。すなわち，法人税法および所得税法の体系上，これに対して課税するためには，同族会社等の行為計算の否認（法法132，所法157①）を適用せざるを得ないと考えられる。

(3) 発行法人

　法人税法上，時価を下回る金額で自己株式を買い取らせた場合に，自己株式を取得した発行法人において，受贈益として課税するという規定は存在しない。そのため，時価を下回る金額で自己株式を取得したとしても，当該自己株式の買取価額により資本金等の額および利益積立金額を減額させるべきであると考えられる。

　したがって，これを超えて否認しようとするのであれば，極めて異常な取引に対してのみ，同族会社等の行為計算の否認（法法132）を適用することになると思われるが，自己株式の取得は，そもそも資本等取引であることから，どのような価額で取引を行ったとしても，発行法人の課税所得は変わらないため，同族会社等の行為計算の否認を適用してまで受贈益を課税すべきではないと考えられる。

3 ┃ 高額取得

(1) 有価証券を譲渡した株主

① 株主が法人である場合

　前述のように，法人の株主が，当該法人による自己株式の取得により金銭その他の資産の交付を受けた場合において，その金銭の額および金銭以外の資産

の価額の合計額が当該法人の資本金等の額のうちその交付の基因となった当該法人の株式に対応する部分の金額を超えるときは，その超える部分の金額は，みなし配当として取り扱われる。

　しかし，自己株式の時価が80,000千円であるにもかかわらず，150,000千円で譲渡をした場合には，差額である70,000千円をどのように取り扱うべきかが問題になる。なぜならば，単純な贈与を受けたのであれば，70,000千円の受贈益が発生したにもかかわらず，このような手法を採用することで，受取配当等の益金不算入（法法23）を適用することが可能になるからである。

　この点につき，相互タクシー事件（福井地判平成13年1月17日TAINSコードＺ250－8815）を参考にすれば，発行法人から法人株主に対して交付した金銭のうち70,000千円については自己株式の取得により交付を受けた金銭ではなく，単なる贈与目的で交付した金銭であると認定することが可能になる。さらに，日本スリーエス事件（東京地判平成12年11月30日TAINSコードＺ249－8788）を参考にすれば，本取引により，法人株主における法人税の負担を不当に減少したと認められる場合には，同族会社等の行為計算の否認（法法132）を適用することにより，同様の否認が可能になる。

　すなわち，原則として，時価を超える部分についても，みなし配当として取り扱うことができるが，一定の場合には，受贈益として取り扱われ，受取配当等の益金不算入を適用することができない可能性があるという点に留意が必要である。

②　株主が個人である場合（贈与税が課税されない場合）

　これに対し，株主が個人である場合には，単純な贈与を受けたのであれば，給与所得，退職所得または一時所得が発生したにもかかわらず，このような手法を採用することで配当所得として処理されている。この場合には，当該個人株主の所得水準にもよるものの，一般的に，配当所得として処理したとしても，給与所得，退職所得または一時所得に比べて所得税の負担が不当に安くなることは稀であり，同族会社等の行為計算の否認（所法157①）が適用されること

§2 資本等取引 91

は稀であると考えられる。

※国税不服審判所平成21年3月3日裁決事例集77号194頁では，納税者が，自己株式の取得
　が高額取得であることを理由として，みなし配当を一時所得として処理しようとした事件
　であるが，時価が適正であることを理由として，このような主張が認められなかった。そ
　のため，低廉取得または高額取得に該当した場合の取扱いについて，原処分庁も国税不服
　審判所も判断はしていないため，本裁決例は，今後の実務に影響を与えないと思われる。

③ 株主が個人である場合（贈与税が課税される場合）

　前述のように，時価よりも高い金額で自己株式を買い取らせたとしても，原則として，所得税法上，みなし配当として処理すべきであると考えられる。

　しかしながら，有価証券を譲渡した者が個人であり，かつ，既存株主も個人である場合において，両者の関係が親族等に該当するときは，同族会社である発行法人を通じて，株主間の贈与が行われていると考えられる。このような場合には，相続税法基本通達9－4で想定している事象と類似の事象が生じていることから，時価を超える部分について，譲渡人である個人に対して贈与税を課すべきであると考えられる。

　また，その場合には，所得税と贈与税の二重課税になるのではないかという疑問が生じるが，所得税法9条1項16号では，個人からの贈与により取得するもの（相続税法の規定により個人からの贈与により取得したものとみなされるものを含む。）については，所得税が課されないことが明らかにされている。

　すなわち，買取りの対象となる自己株式の時価が80,000千円であり，買取りの対象となる自己株式に対応する資本金等の額が5,000千円である場合において，買取価額が150,000千円であるときは，145,000千円をみなし配当として取り扱うのではなく，70,000千円が贈与税の課税対象となり，75,000千円が所得税（配当所得）の課税対象となると考えられる。

※ただし，上記の事案において，贈与の対象となった70,000千円について，所得税と贈与税
　の両方の課税対象にすべきであるという考え方もあるため，ご留意されたい（稲見誠一・
　佐藤信祐『実務詳解　組織再編・資本等取引の税務Q＆A』1079－1080頁（中央経済社，
　平成24年）参照）。

(2) 既存株主

そのほか，本件取引は，既存株主から有価証券を譲渡した者に対する贈与が行われていると考えることもできることから，既存株主における租税法上の取扱いについても検討が必要になる。

この点については，オウブンシャ・ホールディングス事件（最三小判平成18年1月24日TAINSコードZ256-10279）を参考にすれば，既存株主が法人である場合には，このような経済的価値の移転につき，無償による資産の譲渡その他の取引があったものとして課税することも考えられる（法法22②）。ただし，このような否認は，既存株主が発行法人を支配している場合のように，誰に対してどのような条件で自己株式を買い取るのかを自由に決定できる立場にある場合に限定されると考えられる。すなわち，既存株主のうち少数株主については，このような否認をすべきではない。

これに対し，既存株主が個人である場合には，法人税法22条2項に相当する規定がないことから，同族会社等の行為計算の否認（所法157①）の適用を行う場合に限り，みなし譲渡益が課税されると考えられる。

(3) 発行法人

前述のように，発行法人では，時価がいくらであるかにかかわらず，当該自己株式の買取価額により資本金等の額および利益積立金額を減額させるべきであると考えられる。

なお，時価よりも高い金額で自己株式を取得した場合には，同族会社等の行為計算の否認（法法132）により，寄附金として処理すべきという考え方もあり得るが，寄附金の認定を行ったとしても，資本金等の額が変わるだけであり，法人税法上の課税所得は増えないため，同族会社等の行為計算の否認の適用は困難であると考えられる。

4 ┃ 無償取得

(1) 時価がゼロである場合

　会社法上，自己株式を有償で買い取る場合には，原則として，株主総会決議が必要であり（会社法156），分配可能利益の範囲内という財産規制も課されている（会社法461①）。これに対し，無償で買い取る場合には，株主総会決議は不要とされており，財産規制も課されていない（会社法155十三，会規27一）。そのため，債務超過会社であっても，自己株式の無償取得を行うことができる。

　前述のように，法人税法上，自己株式の取得により金銭その他の資産の交付を受けた場合において，その金銭の額および金銭以外の資産の価額の合計額が当該法人の資本金等の額のうちその交付の基因となった当該法人の株式に対応する部分の金額を超える場合には，その超える部分の金額が，みなし配当として取り扱われる（法法24①五，所法25①五）。しかしながら，無償取得の場合には，「自己株式の取得により金銭その他の資産の交付」を受けていないことから，みなし配当が発生する余地がない。

　さらに，株主にとっては有価証券の譲渡取引であることから，株式譲渡損益を認識する必要がある。すなわち，譲渡収入がゼロであるとして株式譲渡損益の計算を行うことになる。

　その結果，株主において，当該内国法人（発行法人）に対する株式の帳簿価額に相当する株式譲渡損失が発生する。具体的には以下の仕訳の通りである。

【株主における仕訳】

（株式譲渡損失）	100百万円	（株　　　式）	100百万円

　これに対し，発行法人においては，ゼロ円で自己株式を取得していることから，資本金等の額は増減しない（法令8①二十）。具体的には以下の仕訳の通りである。

94

【発行法人における仕訳】

| (自 己 株 式) | 0円 | (現 金 預 金) | 0円 |
| (資本金等の額) | 0円 | (自 己 株 式) | 0円 |

　しかしながら，平成22年度税制改正により，グループ法人税制が導入され，法人株主と発行法人との間に完全支配関係がある場合において，自己株式の買取りを行ったときは，株式譲渡損益を認識せずに，資本金等の額として処理することになった（法法61の2⑰，2十六，法令8①二十二）。これは，法人による完全支配関係がある場合だけでなく，個人による完全支配関係がある場合であっても同様である。具体的には以下の仕訳の通りである。

【法人株主における仕訳】

| (資本金等の額) | 100百万円 | (株　　　　式) | 100百万円 |

※個人株主からの自己株式の買取りに対しては，グループ法人税制は適用されない。そのため，個人株主では，当該内国法人（発行法人）に対する株式の帳簿価額に相当する金額について，株式譲渡損失が発生することになる。しかし，株式等に係る譲渡所得の金額の計算上生じた損失の金額があったとしても，給与所得，配当所得その他の所得との損益通算を行うことはできないため，節税効果がないことがほとんどである（措法37の10①）。

(2)　時価がゼロでない場合

　時価がゼロでない場合には，前述の低廉取得と同様に，時価で譲渡をしたものとして，株式譲渡損益の計算を行う必要がある。

　ただし，法人株主と発行法人との間に完全支配関係がある場合には，法人株主において株式譲渡損益を認識することができない。そのため，95頁の図のような資本関係がある場合において，A社からB社に対して無償でB社株式を譲渡したときに，時価で譲渡を行ったものとみなして，寄附金の額を発生させたうえで，資本金等の額を減額させるべきであるか否かという点が問題となる。

【贈与時点の資本関係】

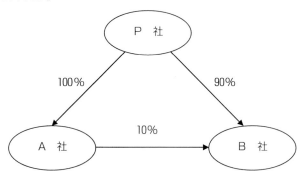

　この点につき，法人税法施行令8条1項22号では，「法第二十三条第一項第一号又は第二号に掲げる金額とみなされる金額及び当該みなし配当事由（当該残余財産の分配を受けないことが確定したことを含む。）に係る法第六十一条の二第十七項の規定により同条第一項第一号に掲げる金額とされる金額の合計額から当該金銭の額及び当該資産の価額（適格現物分配に係る資産にあつては，第百二十三条の六第一項の規定により当該資産の取得価額とされる金額）の合計額を減算した金額」が資本金等の額の減算要因になることが明らかにされている。

　なお，この場合における「法第二十三条第一項第一号又は第二号に掲げる金額とみなされる金額」とは，無償による自己株式の譲渡であることから0円となり，「法第六十一条の二第十七項の規定により同条第一項第一号に掲げる金額」とは，譲渡原価の金額を意味するため，時価を譲渡収入とみなしたうえで，寄附金を認識する余地は存在しない。

　そのため，B社株式の帳簿価額に相当する金額を資本金等の額の減算項目として取り扱うべきであると考えられる。

※上記の事案では，A社からP社に対してB社株式に係る経済的価値を移転していることから，P社がB社株式を譲渡した場合には，A社で生じるはずだった株式譲渡益をP社に生じさせることが可能となっている。このような行為が租税回避と認定された場合には，同族会社等の行為計算の否認（法法132）により，P社において受贈益を認識させられる可

能性があるかもしれない。しかし，P社で受贈益を認識させたとしても，P社で生じる株式譲渡益が受贈益に付け替えられるだけなので，P社の課税所得は変わらない。

そうなると，P社ではなく，A社に株式譲渡益を認識させるように否認する必要があるが，時価でB社に株式を買い取らせたとしても，A社において株式譲渡損益は生じずに，資本金等の額の増減として取り扱われることから，A社の法人税を不当に減少させたという認定が難しい場合も少なくない。

そのため，税務調査で否認するとすれば，オウブンシャ・ホールディングス事件（最三小判平成18年1月24日TAINSコードZ256-10279）を参考にしたうえで，A社からP社に対するB社株式の経済的価値の移転につき，無償による資産の譲渡その他の取引があったものとして課税するしかないが，このような否認を行うことができる事案は，それほど多くはないと思われる。

(3) 子会社が保有している親会社株式の取得

下図のような事案において，B社が保有しているA社株式を無償で取得することを検討することがある。

【贈与時点の資本関係】

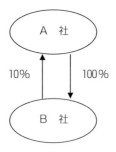

このような場合には，無償取引であることから，B社において，みなし配当が発生せず，完全支配関係のある法人間の取引であることから，株式譲渡損益を認識することができない（法法61の2⑰）。さらに，前述のように，寄附金を認識せずに，A社株式の帳簿価額に相当する金額をB社の資本金等の額の減算項目として取り扱うべきであると考えられる。

そして，A社においても，資本等取引に該当することから受贈益は発生しない。ただし，同族会社等の行為計算の否認が適用される場合には，受贈益を認

§2 資本等取引　97

識すべき場合も考えられる。しかし，法人による完全支配関係がある場合において課税関係を生じさせないようにしたグループ法人税制の趣旨を鑑みると，同族会社等の行為計算の否認を適用してまで受贈益を認識すべき場合は，極めて稀であると考えられる。

⑷　現物分配による自己株式の取得

前述の事案において，その他利益剰余金を原資として，B社が保有しているA社株式を現物分配することが考えられる。

この場合には，適格現物分配に該当するため，B社の保有するA社株式が簿価でA社に移転することになる。さらに，A社にとっては自己株式の取得に該当するため，B社におけるA社株式の帳簿価額に相当する金額がA社の資本金等の額の減算要因として取り扱われる（法令8①二十一ロ）。

A社における法人税法上の仕訳は以下の通りである。

（A　社　株　式）	×××	（受 取 配 当 金）	×××
（資本金等の額）	×××	（A　社　株　式）	×××

これに対し，B社における法人税法上の仕訳は以下の通りである。

（利益積立金額）	×××	（A　社　株　式）	×××

なお，このような適格現物分配を行った場合において，A社とB社との間の支配関係が生じてから5年を経過していないときは，A社（被現物分配法人）において，繰越欠損金の使用制限および特定資産譲渡等損失の損金不算入の適用を受ける可能性がある。

ただし，このような支配関係が生じてから5年を経過していない場合であっても，事業の移転を伴わない適格現物分配であることから，移転時価資産価額が移転簿価資産価額以下である場合の特例を適用することができる（法令113⑤一，123の9⑨一）。

また，A社（被現物分配法人）にとっては，A社株式は自己株式に相当することから，資産として取り扱うべきではない。すなわち，当該自己株式の帳簿価額はゼロであり，時価もゼロであるものとして，当該特例の適用を認めるべきであると考えられる。そのため，平成23年度税制改正では，別表添付要件，書類保存要件を満たさない場合であっても，上記の特例が適用できるようになった（法令113⑥，123の9⑩）。

§2　資本等取引　99

3　自己新株予約権の買取り

1　時価による買取り

　自己新株予約権の買取りは，有価証券の購入と変わらないことから，時価で自己新株予約権を買い取った場合には，その取得価額は，購入の代価に付随費用を加算した金額となる（法令119①一）。

　なお，デット・エクイティ・スワップとは異なり，負債に計上されている新株予約権と当然に相殺されるものではないため，後述するように，新株予約権を消滅させるまで，資産としての自己新株予約権と負債としての新株予約権が両建てとなる。

【発行法人の仕訳】

（自己新株予約権）	5,000千円	（現 金 預 金）	5,000千円

　これに対し，新株予約権を譲渡した新株予約権者にとっては，有価証券の譲渡取引であることから，当該新株予約権の譲渡により生じた譲渡益は，法人税および所得税の課税対象となる（法法61の2①，措法37の10①）。なお，自己株式の買取りと異なり，みなし配当は発生しない。

【新株予約権者の仕訳】

（現 金 預 金）	5,000千円	（新 株 予 約 権）	200千円
		（有価証券譲渡益）	4,800千円

※新株予約権者が法人であり，かつ，発行法人との間に完全支配関係がある場合には，発行法人で自己新株予約権を消却または処分をするまで，新株予約権者で発生した譲渡損益が繰り延べられる（法法61の13）。ただし，新株予約権者における新株予約権の帳簿価額が1,000万円未満である場合には，譲渡損益は繰り延べられずに，実現させる必要がある。

2 低廉取得

自己新株予約権の買取りは，有価証券の購入と変わらないことから，時価よりも安い値段で購入した場合には，時価で自己新株予約権の取得価額を認識する必要がある（法令119①一）。そのため，当該新株予約権の時価と支払った金銭との差額を受贈益として認識する必要がある（法法22②）。

【発行法人の仕訳】

（自己新株予約権）	20,000千円	（現 金 預 金）	5,000千円
		（受 贈 益）	15,000千円

※②で解説したように，自己株式の低廉取得の場合には，発行法人において受贈益が課税されない。これは，自己株式の取得は資本等取引とされるのに対し，自己新株予約権の取得は損益取引とされるからである。

これに対し，新株予約権を譲渡した新株予約権者にとっても，時価よりも安い値段で有価証券を譲渡していることから，当該新株予約権者が法人である場合には，時価で譲渡したものとして取り扱い（法法22②），差額を寄附金として処理する必要がある（法法37①）。

また，当該新株予約権者が個人である場合であっても，時価の2分の1を下回る価額により譲渡を行ったときは，時価により譲渡を行ったものとして譲渡損益の計算を行う必要がある（所法59①二，所令169）。

【新株予約権者の仕訳】

（現 金 預 金）	5,000千円	（新 株 予 約 権）	200千円
（寄 附 金）	15,000千円	（有価証券譲渡益）	19,800千円

※新株予約権者と発行法人との間に，法人による完全支配関係がある場合には，新株予約権者で発生した寄附金が損金の額に算入されず，発行法人で発生した受贈益が益金の額に算入されないことになる。この場合には，新株予約権者および発行法人の株主において，寄附修正事由が生じる。

さらに，新株予約権者が法人であり，かつ，発行法人との間に完全支配関係がある場合

には，発行法人で自己新株予約権を消却または処分をするまで，新株予約権者で発生した譲渡損益が繰り延べられる。ただし，新株予約権者における新株予約権の帳簿価額が1,000万円未満である場合には，譲渡損益は繰り延べられずに，実現させる必要がある。

※新株予約権者が個人であり，株主も個人である場合において，時価よりも安い価額で新株予約権を発行法人に対して譲渡した場合には，新株予約権者から株主に対する贈与があったと認められるため，贈与税の課税対象にもなるという点にご留意されたい（相基通9-2）。

3 ┃ 高額取得

　自己新株予約権の買取りは，有価証券の購入と変わらないことから，時価よりも高い値段で購入した場合には，時価で自己新株予約権の取得価額を認識する必要がある（法令119①一）。そのため，当該新株予約権の時価と支払った金銭との差額を寄附金として認識する必要がある（法法37①）。

【発行法人の仕訳】

| （自己新株予約権） | 2,000千円 | （現 金 預 金） | 5,000千円 |
| （寄　　附　　金） | 3,000千円 | | |

　これに対し，新株予約権を譲渡した新株予約権者にとっても，時価よりも高い値段で有価証券を譲渡しているものの，新株予約権者が法人である場合には，有価証券譲渡益として処理したとしても，受贈益として処理したとしても，法人による完全支配関係がある場合を除き，法人税の課税所得は変わらないため，実際の譲渡価額を基礎に法人税の課税所得の計算を行うことになる。

　なお，当該新株予約権者が個人である場合には，他の所得を譲渡所得に振り替えることにより，不当に所得税の負担を減少させる行為が考えられるため，事実認定等により，譲渡所得ではなく，他の所得として取り扱われる可能性がある。

【新株予約権者の仕訳】

(現 金 預 金)	5,000千円	(新 株 予 約 権)	200千円
		(有価証券譲渡益)	1,800千円
		(受 贈 益)	3,000千円

4 無償取得

　新株予約権の時価が０円である場合において，新株予約権を０円で買い取った場合には，時価により新株予約権を買い取った場合と同様に，発行法人では０円で新株予約権を取得したものとして取り扱い，新株予約権者では，新株予約権に係る譲渡損益を認識する必要がある。

　これに対し，新株予約権の時価が０円でないにもかかわらず，新株予約権を０円で買い取った場合には，低廉取得をした場合と同様に，発行法人では時価で新株予約権を取得したものとして取り扱い，新株予約権者では，時価で譲渡したものとして，新株予約権に係る譲渡損益を認識する必要がある。

5 自己新株予約権の処分

　自己新株予約権を譲渡した場合には，通常の有価証券の譲渡と変わらないため，発行法人において，有価証券譲渡損益を認識する必要がある（法法61の2①）。

　なお，時価と異なる価額で自己新株予約権を譲渡した場合には，通常の取引と同様に，その差額を寄附金または受贈益として処理する必要がある。

6 自己新株予約権の消却

　前述のように，自己新株予約権の買取りは，有価証券の購入と変わらないことから，取得価額は，購入の代価に付随費用を加算した金額となる（法令119

①一）。そのため，自己新株予約権を取得した時点では，資産としての自己新株予約権と負債としての新株予約権が両建てになっている。

その結果，当該自己新株予約権を消却した場合には，その消却した時点で，資産としての自己新株予約権と負債としての新株予約権を相殺したことによる損金または益金の額を認識する必要がある（法法22②③）。

【自己新株予約権の消却に係る仕訳】

（新 株 予 約 権）	1,000千円	（自己新株予約権）	5,000千円
（消　　却　　損）	4,000千円		

※株主に対してその有する株式の数に応じて，新株予約権の無償割当てを行った後に，自己新株予約権の取得と消却を行った場合には，当該自己新株予約権の取得価額に相当する部分の金額が損金の額に算入されることになる。その結果として，発行法人では，支払配当金を損金の額に算入するのと同じ効果を享受することが可能となり，新株予約権者が個人である場合には，当該新株予約権の譲渡を譲渡所得として取り扱うことにより，配当所得の税率よりも安い税率での課税が可能となる。

したがって，理論的には，新株予約権を利用した租税回避スキームも可能になるが，新株予約権の無償割当て，自己新株予約権の取得ならびに消却を行う経済合理性がない場合には，同族会社等の行為計算の否認（法法132，所法157①）が適用される可能性があると考えられる。

4　募集株式等の発行

1　有利発行

(1)　引受人

①　引受人が法人である場合

　有価証券と引き換えに払込みをした金銭の額が，払い込むべき金銭の額を定める時におけるその有価証券の取得のために通常要する価額に比して有利な金額である場合には，その取得の時におけるその有価証券の取得のために通常要する価額が当該有価証券の取得価額となる（法令119①四）。そのため，有価証券と引き換えに払込みをした金銭の額とその取得の時におけるその有価証券の取得のために通常要する価額との差額を受贈益として認識する必要がある（法法22②）。

　なお，引受人と発行法人または既存株主との間に法人による完全支配関係があったとしても，後述するように，発行法人または既存株主において寄附金が発生していないことから，引受人において，受贈益の益金不算入を適用することができないという点に留意が必要である。

　この場合における「通常要する価額に比して有利な金額」とは，株式の払込金額を決定する日の現況における当該発行法人の株式の価額に比して社会通念上相当と認められる価額を下回る価額をいい，社会通念上相当と認められる価額を下回るかどうかは，当該発行法人の株式の価額と払込金額との差額が当該株式の価額のおおむね10％相当額以上であるかどうかにより判定することになる（法基通2－3－7）。また，この場合における「当該発行法人の株式の価額」は，決定日の価額だけではなく，決定日前1か月間の平均株価等，払込金額を決定するための基礎として相当と認められる価額で判定することも容認される。

　しかし，これらの「10％相当額」「1か月間」という考え方は，会社法上の

§2 資本等取引 105

有利発行に該当するか否かという点を参考としていることから，会社法上，
「1か月」の期間をさらに拡大できる場合には，法人税法上も，受贈益として
課税すべきではないと考えられる。

※有利発行に該当するか否かの判断は「払い込むべき金銭の額を定める時におけるその有価
　証券の取得のために通常要する価額」と比較するのに対し，受贈益の計算は「取得の時に
　おけるその有価証券の取得のために通常要する価額」で行うという違いがあるという点に
　ご留意されたい。
※10%のディスカウントにより募集株式の発行等をした場合であっても有利発行として取り
　扱わない理由は，募集株式等を消化し資金調達の目的を達成することの見地からは，発行
　価額を多少引き下げる必要があることから，有利発行として取り扱うべきではないためで
　ある。すなわち，完全な同族間取引においては，募集株式等を消化し資金調達の目的を達
　成するというよりは，株主間贈与を目的とすることも考えられることから，このような
　ディスカウントを認めるべきではない。
　　したがって，全てのケースにおいて10%のディスカウントが認められると考えるべきで
　はなく，募集株式等を消化し資金調達の目的を達成するために，発行価額を多少引き下げ
　る必要がある場合にのみ，10%のディスカウントを認めるべきであると考えられる。

② 引受人が個人である場合（贈与税が課税されない場合）

　引受人が法人である場合と同様に，株式と引き換えに払い込むべき額が，有
利な金額であるときは，払込日における時価と払い込むべき額との差額につい
て所得税の課税対象となる（所法36②，所令84②五）。また，有利な金額によ
り株式を取得したか否かの判断は，所得税基本通達23〜35共−7において規定
されており，基本的には法人税法と同様に取り扱われる。

　しかし，法人税法と根本的に異なり，経済的利益を享受する者が個人である
ことから，所得税法上，どの所得分類に帰属するのかを明確にする必要がある。
この点につき，所得税基本通達23〜35共−6(3)では，原則として，一時所得に
分類することとしながらも，当該発行法人の役員または使用人に対しその地位
または職務等に関連して株式を取得する権利が与えられたと認められるときは
給与所得とし，これらの者の退職に基因して当該株式を取得する権利が与えら
れたと認められるときは退職所得として取り扱うことが明らかにされている。

③　引受人が個人である場合（贈与税が課税される場合）

　既存の主要株主が個人であり，かつ，引受人も個人である場合には，贈与税の問題を検討する必要がある（相法9）。

　まず，相続税法21条の3第1項1号では，法人からの贈与により取得した財産には贈与税が課されないことが明らかにされている。すなわち，発行法人から引受人に対する経済的価値の移転として捉えるのであれば，法人から個人に対する贈与であることから，贈与税が課される余地がなく，所得税の課税対象となる。

　これに対し，所得税法9条1項16号では，個人からの贈与により取得するもの（相続税法の規定により個人からの贈与により取得したものとみなされるものを含む。）には所得税が課されないことが明らかにされている。すなわち，発行法人から引受人に対する経済的価値の移転として捉えるのではなく，既存の個人株主から引受人に対する経済的価値の移転として捉えるのであれば，贈与税の課税対象となることから，所得税が課される余地はない。

　このように，引受人が発行法人から経済的価値の移転を受けたのか，既存の個人株主から経済的価値の移転を受けたのかという点が重要になる。この点につき，相続税法基本通達9－4では，（イ）発行法人が同族会社であり，かつ，募集株式引受権に基づき新株を取得した者が既存の個人株主の親族等である場合には，既存の個人株主からの贈与があったものとして贈与税の課税対象となること，（ロ）上記の場合であっても，所得税法上，給与所得または退職所得として取り扱われる場合には，贈与税の課税対象としないことが明らかにされている。

　さらに，大野隆太『平成30年12月改訂版相続税法基本通達逐条解説』156頁（大蔵財務協会，平成30年）において，以下のように分類している。

「①　給与所得又は退職所得として所得税の課税対象とされるもの

　…　旧株主と新株主又は自己株式を引き受けた者とが親族等の関係にあるかどうか，また，発行会社が同族会社であるかどうかに関係なくその募集株式引受権の利益を給与所得又は退職所得として与えられた場合。

② 贈与により取得したものとして贈与税の課税対象とされるもの

… ①に該当しない場合で，旧株主と新株又は自己株式を引き受けた者が親族等の関係にあり，かつ，その発行会社が同族会社であるとき。

③ 一時所得として課税されるもの

… ①及び②のいずれにも該当しない場合。　」

このように，発行法人が同族会社であり，かつ，募集株式引受権に基づき新株を取得した者が既存の個人株主の親族等である場合に限定し，既存の個人株主から引受人に対する経済的価値の移転があったものとして考えることになる。また，それ以外の場合には，発行法人から引受人に対する経済的価値の移転があったものと考えることになる。その結果，前者の場合には贈与税の課税対象となり，後者の場合には所得税（一時所得）の課税対象となる。

そして，既存の個人株主の親族等である場合であっても，所得税法上，給与所得または退職所得として分類されるときには，当該発行法人の役員または使用人としての地位や職務等に関連して，またはこれらの者の退職に基因して経済的利益の移転を受けていることから，株主間贈与として捉えることは適当ではなく，贈与税の課税対象とはせず，所得税（給与所得または退職所得）の課税対象としているという整理になる。

(2)　既存株主

①　既存株主が法人である場合

(i)　法人による完全支配関係がない場合

前述のように，有利発行を行った場合には，引受人において，受贈益が課税される（法法22②，法令119①四）。そして，有利発行を行った場合には，既存の法人株主から引受人に対して経済的価値が移転していると考えられる。例えば，既存の法人株主が保有する株式の時価が100であり，有利発行により30まで下落した場合には，70について経済的価値が移転していると考えることがで

きる。

　このような経済的価値の移転について，無償による資産の譲渡その他の取引があったものとして，既存の法人株主に対してみなし譲渡益を課税すべきか否かが問題となるが，現行法人税法上は，有利発行は，発行法人と引受人の二者間取引であると考えており，既存の法人株主において課税関係が生じるという前提の条文構成にはなっていない。すなわち，現行法上，第三者割当増資により有利発行が行われた場合には，引受人において受贈益として課税することは予定しているものの，既存の法人株主に対して課税関係を発生させることは予定していない。

　そのため，既存の法人株主においてこのような課税を行うためには，法人税法22条2項と同法132条を根拠にせざるを得ない。すなわち，同法22条2項は益金の額に対する一般規定であり，「無償による資産の譲渡又は役務の提供その他の取引」により生ずる収益の額を益金の額に算入すべきことが規定されている。そして，同法132条は同族会社等の行為計算の否認に係る規定である。このうち，同法22条2項を適用することにより，既存の法人株主に対して課税関係を生じさせた裁判例として，オウブンシャ・ホールディングス事件（最三小判平成18年1月24日TAINSコードZ256-10279）が挙げられる。

　本事件では，同法22条2項にいう取引とは，関係者間の意思の合致に基づいて生じた法的および経済的な結果を把握する概念と解されるものとしている。すなわち，既存株主が，誰に対してどのような条件で募集株式の発行等を行うのかを自由に決定できる立場にあることが重視されている。そのため，既存株主が少数株主である場合には，当該既存株主から引受人に対する経済的価値の移転があったとしても，みなし譲渡益を課税すべきではない。

　このように，既存株主のうち支配株主のみが問題になると思われるが，実務上は，有利発行を行った場合において，引受人だけではなく，既存株主においてみなし譲渡益として課税される可能性があるという点に留意が必要である。

(ⅱ) 法人による完全支配関係がある場合

前述のように，無償による資産の譲渡その他の取引があったものとしてみなし譲渡益を認識すべきであるとした場合には，既存株主において，以下のような税務上の仕訳を行うことになる。

【既存株主における仕訳】

（寄　附　金）	99百万円	（みなし譲渡益）	99百万円

このような税務上の仕訳を行った場合において，法人による完全支配関係があるときは，既存株主において，寄附金の損金不算入が適用されるとともに，引受人において，受贈益の益金不算入が適用される。さらに，既存株主において発生したみなし譲渡益も，原則として，譲渡損益が繰り延べられることから，税務調査で否認をしようとしても課税所得は増えずに，むしろ引受人の課税所得が減少する結果となる。そのため，引受人が取得した株式の譲渡を予定している場合を除き，みなし譲渡益を認識すべきであると認定される場面は極めて稀であると考えられる。

② 既存株主が個人である場合（引受人において贈与税が課税されない場合）

これに対し，無償による資産の譲渡またはその他の取引があったものとみなすことにより，既存の個人株主に対してみなし譲渡益として課税することができるか否かという点は，法人税法ではなく，所得税法の問題となる。所得税法において，法人税法22条2項に代わる規定が存在しないため，同様の否認を行うためには，同族会社等の行為計算の否認（所法157①）を根拠にせざるを得ないと考えられる。

③ 既存株主が個人である場合（引受人において贈与税が課税される場合）

前述のように，有利発行による引受人が個人であり，かつ，他の株主も個人である場合には，贈与税について検討する必要がある（相法9）。これに対し，既存株主における所得税の計算上，みなし譲渡益の問題は生じないと考えられる。なぜならば，所得税法59条1項および同法施行令169条において規定するみなし譲渡益課税は，法人に対する贈与または著しく低い価額（譲渡時の時価の2分の1に満たない金額）による譲渡に限定しており，個人に対するものは規定していないからである。

(3) 発行法人

発行法人では，払込みを受けた金銭の額が資本金等の額として取り扱われる（法法2十六，法令8①一）。

なお，有利発行を行った場合には，同族会社等の行為計算の否認（法法132）を適用することにより，発行法人において寄附金として処理すべきという考え方もあり得るが，寄附金の認定を行ったとしても，資本金等の額が変わるだけであり，法人税法上の課税所得は増えないため，そのような否認を受ける可能性は極めて少ないと考えられる。

2 高額発行

(1) 引受人

① 引受人が法人である場合

法人税法上，有価証券と引き換えに払込みをした金銭の額が，払い込むべき金銭の額を定める時におけるその有価証券の取得のために通常要する価額に比して不利な金額である場合には，特別の規定は設けられていない。そのため，

払込みをした金銭の額がそのまま有価証券の取得価額になる（法令119①二）。

　なお，法人税法施行令119条1項27号を適用し，通常要する価額を有価証券の取得価額とすべきであるという考え方もあり得るが，第27号では「前各号に掲げる有価証券以外の有価証券」と規定されていることから，第2号に直接的に該当する限り，第27号を適用することはできない。

　また，法人税基本通達9－1－12では，増資の直前において債務超過の状態にあり，かつ，その増資後においてなお債務超過の状態が解消していない場合は，有価証券の評価損を計上することができないことが明らかにされている。本通達の記載内容は，高額発行をした場合に，その払込みをした金銭の額がそのまま有価証券の取得価額になることを前提にしている。

　しかしながら，そのように形式的に解釈した場合には，租税回避に対して十分に対応できないことから，以下の2つのケースに対しては，有価証券の取得価額ではなく，寄附金として処理すべきであると考えられる。

　ⅰ）増資直後に株式を譲渡し，株式譲渡損失を認識することを目的として
　　行われた高額発行
　ⅱ）他の株主に対して贈与を行うことを目的として行われた高額発行

ⅰ）増資直後の株式譲渡

　例えば，債務超過10億円の会社に対して，10億円の増資を行った後に，当該増資により取得した有価証券を1円でグループ法人税制の適用されない関係者に対して譲渡した場合には，10億円の株式譲渡損が発生する。これを利用したスキームの是非について問われたのが，相互タクシー事件（福井地判平成13年1月17日TAINSコードZ250－8815）である。

　相互タクシー事件では，増資払込金のうち寄附金に当たる部分を「払込みをした金銭の額」に該当しないものとして課税処分が行われた。すなわち，上記のケースでは，10億円の増資のうち時価相当額の1円のみが法人税法施行令119条1項2号により有価証券の取得価額として取り扱われ，それ以外の金額

112

が寄附金として処理される（ただし，当時は額面株式の制度があったことから，額面金額を超える部分のみが寄附金として否認されている）。なお，法人税基本通達9－4－1が適用できる場合には，このような問題は生じないため，同通達を適用することができない場合を前提としている。

　さらに，類似の裁判例として，日本スリーエス事件（東京地判平成12年11月30日TAINSコードZ249－8788）があるが，本事件では，同族会社等の行為計算の否認（法法132）を適用することにより，有価証券の取得価額のうち額面金額を超える部分の金額が寄附金として処理されている。

　このように，高額発行の場合であっても，原則として，払込みをした金銭の額をそのまま有価証券の取得価額として処理するものの，不当に法人税を軽減するような場合のみ，寄附金として処理すべきであると考えられる。

ⅱ）他の株主に対する贈与行為

　前述のように，法人税法上，有価証券と引き換えに払込みをした金銭の額が，払い込むべき金銭の額を定める時におけるその有価証券の取得のために通常要する価額に比して不利な金額である場合についての特別の規定は設けられていない。

　そのため，他の株主に対する贈与を行う意思をもって，時価よりも著しく高い金額により払い込みを行ったとしても，個別規定をそのまま解釈すれば，有価証券の取得価額を構成すると考えられる（法令119①二）。

　しかしながら，このように形式的に解釈した場合には，租税回避に対して十分に対応できないことから，前述のように，時価を超える部分の金額が寄附金として認定されてしまう場合もあり得るため，留意が必要である。

②　引受人が個人である場合

　所得税法上，株式と引き換えに払い込むべき額が，不利な金額である場合には，特別の規定は設けられていない。そのため，払込みをした金銭の額がそのまま有価証券の取得価額になる（所令118②，109①一）。

なお，所得税法施行令109条１項６号を適用し，通常要する価額を有価証券の取得価額とすべき考え方もあり得るが，第６号では「前各号に掲げる有価証券以外の有価証券」と規定されていることから，第１号に直接的に該当する限り，第６号を適用することにより，時価まで引き下げることはできない。

もちろん，そのように形式的に解釈した場合には，租税回避に対して十分に対応できないとことから，一定の場合には，所得税の計算上，取得費に含めるべきではないと考えられる。

しかしながら，所得税法上，有価証券の譲渡損失と他の利益との損益通算はかなり限定されており，実質的にこのような問題が生じることは稀であると考えられる（措法37の10）。

(2) 既存株主

① 既存株主が法人である場合

そのほか，本件取引は，引受人から既存株主に対する贈与と考えることもできる。そのため，既存株主における租税法上の取扱いについても検討が必要になる。

この点については，オウブンシャ・ホールディングス事件（最三小判平成18年１月24日TAINSコードＺ256-10279）の判例を参考にすれば，既存株主が法人である場合には，このような経済的価値の移転につき，無償による資産の譲受けその他の取引があったものとして課税することも考えられる（法法22②）。ただし，このような否認は，既存株主が発行法人を支配している場合のように，誰に対してどのような条件で募集株式の発行等を行うのかを自由に決定できる立場にある場合に限定されると考えられる。すなわち，既存株主のうち少数株主に対しては，このような否認をすべきではない。

② 既存株主が個人である場合（贈与税が課税されない場合）

後述するように，相続税法（贈与税）では，時価よりも不利な発行価額によ

り株式を取得した場合には，当該株式を取得した個人から既存の個人株主に対する贈与行為があると考え，贈与税の課税対象となることが明らかにされている（相基通 9 − 2 ）。

これに対し，引受人が法人である場合には，贈与税ではなく，所得税の議論となり，所得税法には，法人税法22条 2 項に相当する規定がないことから，同族会社等の行為計算の否認（所法157①）の適用を行う場合に限り，一時所得等として課税されると考えられる。

③　既存株主が個人である場合（贈与税が課税される場合）

例えば，長男（Y氏）が保有する会社（A社）が父親（X氏）に対して募集株式の発行等を行った場合において，その株式を取得するために通常要する価額よりも高い発行価額であったときは，父親（X氏）から長男（Y氏）に対する贈与があったと考えるべきであり，贈与税の問題を検討する必要がある。

この点につき，相続税法基本通達 9 − 2 では，X氏が行った行為により，Y氏の保有するA社株式の時価が増加した場合には，当該増加した部分に相当する金額について，X氏からY氏に対する贈与があったものとすることが明らかにされている。

例えば，第三者割当増資を行う前におけるY氏が保有するA社株式の時価が10,000千円であり，第三者割当増資を行った結果，100,000千円になった場合には，X氏からY氏に対する90,000千円の贈与があったと考え，贈与税の課税対象になる。

ただし，A社が債務超過の場合において，第三者割当増資後も債務超過であるときは，A社株式の時価は零円のままであり，A社株式の時価は増加していない。このような場合には，連帯保証債務の実質的な引受けのような贈与行為がある場合を除き，贈与税の課税対象にはならないと考えられる（相基通 8 − 3 ， 9 − 3 ）。

§2 資本等取引 *115*

(3) 発行法人

　発行法人では，払込みを受けた金銭の額が資本金等の額として取り扱われる（法法2十六，法令8①一）。これに対して，高額発行を行った場合には，同族会社等の行為計算の否認（法法132）により，発行法人において受贈益として処理すべきという考え方もあり得る。

　しかしながら，新株予約権を発行する場合において，その新株予約権と引換えに払い込まれる金銭の額がその新株予約権のその発行の時の価額に満たないときは，その満たない部分の金額に相当する金額は，発行法人の課税所得の計算上，損金の額に算入されないこととされており，その新株予約権のその発行の時の価額を超えるときは，その超える部分の金額に相当する金額は，益金の額に算入されないこととされている（法法54の2⑤）。

　このような制度になっている理由として，『平成18年版改正税法のすべて』349頁において，「新株予約権を利用した取引は従前より資本等取引に類似した取引と考えられていましたが，発行の場面においては資本等取引と同様に発行法人側に損金及び益金が生じないことを処理面から明確にしたものです。なお，この規定は，新株予約権者側の取扱いに何ら影響を与えるものではありません。」と解説されている。

　このように，資本等取引の類似取引である新株予約権の発行において，時価と異なる価額であったとしても，発行法人側は損金および益金の額に算入しないと考えられていることから，株式の発行においても，時価を超える金銭の払込みであっても資本等取引と考えることにより，受贈益課税は課すべきではないと考えられる。

　したがって，これを超えて否認しようとするのであれば，極めて異常な取引に対してのみ，同族会社等の行為計算の否認（法法132）を適用するという考え方になると思われる。

3 無償割当て

　株式無償割当てとは，株主（種類株式発行会社の場合には，ある種類の種類株主）に対して新たに払い込みをさせないで，その有する株式数に応じて当該法人の株式を無償で交付する制度をいう（会社法185，186②）。

　このような株式無償割当てを行った場合であっても，1株に満たない端数が生じた場合を除き，株主における課税上の影響は生じない（所令111②）。なお，1株に満たない端数が生じた結果として，当該端数に相当する株式を譲渡した場合には，当該株主において株式譲渡損益を認識する必要がある（法法24①五，61の2①，法令23③九，所法25①五，措法37の10①，所令61①九）。

　また，発行法人においても，1株に満たない端数が生じたことにより，当該端数に相当する株式を買い取った場合を除き，法人税の課税所得の計算への影響は生じない。なお，発行法人が1株に満たない端数を買い取った場合には，買い取った対価の額に相当する金額を資本金等の額の減算項目として処理する必要がある（法令8①二十）。

※株式無償割当てにより取得した株式の取得価額は0円になる（法令119①三，所令109①四）。
※種類株式発行会社において，他の種類の種類株主に損害を及ぼしていると認められる場合には，株式無償割当てを受けた側において受贈益，他の種類の種類株主においてみなし譲渡益の議論が生じる可能性がある（法令119①四，所令84②五）。

§2 資本等取引 *117*

5 新株予約権の発行

1 有利発行

(1) 新株予約権を取得した法人または個人

① 新株予約権を取得した者が法人である場合

新株予約権は有価証券に該当するため（法法2二十一），時価よりも低い価額で新株予約権を取得した場合には，有利発行により株式を取得した場合と同様の取扱いになる。

すなわち，新株予約権と引き換えに払込みをした金銭の額とその取得の時におけるその新株予約権の取得のために通常要する価額との差額が受贈益として課税され（法法22②），新株予約権の取得価額はその取得の時におけるその新株予約権の取得のために通常要する価額となる（法令119①四）。

なお，新株予約権を取得した者と発行法人または既存株主との間に法人による完全支配関係があったとしても，後述するように，発行法人および既存株主において寄附金が発生しないことから，新株予約権を取得した者において，受贈益の益金不算入を適用することができないという点に留意が必要である。

② 新株予約権を取得した者が個人である場合

新株予約権を取得した者が法人である場合と同様に，新株予約権を取得した者が個人である場合であっても，有利発行により株式を取得した場合と同様の取扱いになる（所法36②，所令109①五，所基通36－15(1)）。

なお，役務提供の対価として，時価よりも低い価額で新株予約権を取得した場合には，新株予約権特有の論点が存在するが，非時価取引とは言い難いことから，本書では，その点についての解説は省略する。

(2)　既存株主

　④で解説したように，原則として，何ら課税関係は生じないが，一定の場合には，同族会社等の行為計算の否認（法法132，所法157①）を適用することにより，無償による資産の譲渡またはその他の取引があったものとしてみなし譲渡益として課税すべき場合もあるため，ご留意されたい。

(3)　新株予約権の発行法人

　新株予約権の発行法人では，時価よりも低い価額で新株予約権を発行した場合であっても，時価との差額が損金の額に算入されない（法法54の2⑤）。なぜなら，④で解説したように，新株予約権を利用した取引が資本等取引に類似した取引であることから，発行法人側で損金の額を生じさせるべきではないからである。

　なお，役務提供の対価として，時価よりも低い価額で新株予約権を発行した場合には，新株予約権特有の論点が存在するが，非時価取引とは言い難いことから，本書では，その点についての解説は省略する。

2 ┃ 高額発行

(1)　新株予約権を取得した法人または個人

①　新株予約権を取得した者が法人である場合

　新株予約権は有価証券に該当するため（法法2二十一），時価よりも高い価額で新株予約権を取得した場合には，高額発行により株式を取得した場合と同様の取扱いになる。

　すなわち，原則として，新株予約権の取得のために払い込みをした金銭の額が，そのまま新株予約権の取得価額になるが（法令119①二），一定の場合には，

§2　資本等取引　*119*

新株予約権の取得価額として認められない場合もあり得る。

②　新株予約権を取得した者が個人である場合

新株予約権を取得した者が法人である場合と同様に，高額発行により株式を取得した場合と同様の取扱いになる（所令109①一）。

(2)　既存株主

有価証券を取得した者が個人であり，既存株主も個人である場合には，高額発行が株主間贈与に該当するため，贈与税の課税対象になる（相基通9－2）。

それ以外の場合には，原則として，何ら課税関係は生じないが，一定の場合には，同族会社等の行為計算の否認（法法132，所法157①）を適用することにより，受贈益として課税すべきという考え方もあり得るため，ご留意されたい。

(3)　新株予約権の発行法人

新株予約権の発行法人では，時価よりも高い価額で新株予約権を発行したとしても，その差額は益金の額に算入されない（法法54の2⑤）。

3 ┃ 無償発行

有利発行を行った場合と同様の取扱いになる。

4 ┃ 無償割当て

(1)　新株予約権のみを割り当てる場合

新株予約権の割当てとは，株主（種類株式発行会社の場合には，ある種類の

種類株主）に対して新たに払い込みをさせないで，その有する株式数に応じて
当該株式会社の新株予約権を無償で交付する制度をいう（会社法277，278②）。

このような新株予約権の無償割当てを行った場合であっても，原則として，
株主における課税上の影響は生じない。すなわち，新株予約権の無償割当てに
より取得した新株予約権の帳簿価額は0円となる（法令119①三，所令109①四）。

また，発行法人においても，原則として，法人税の課税所得の計算への影響
はない。

(2) 新株予約権付社債を割り当てる場合

極めて稀なケースであると考えられるが，会社法上は，新株予約権付社債の
無償割当てを想定した規定となっている（会社法278①二）。

その場合には，法人税法施行令119条1項3号を適用することができないた
め，時価で新株予約権付社債を認識すべきであると考えられる（法令119①二
十七）。そのため，新株予約権付社債を取得した株主において，それぞれ受贈
益が発生することになる。

§2　資本等取引　*121*

6　資本金および準備金の額の増減

1　準備金の額または剰余金の額の減少による資本組入れ

　準備金の額または剰余金の額を減少させ，資本金の額に組み入れたとしても，株主における課税上の影響は生じない。

　また，発行法人においても，当該資本組入れにより資本金等の額および利益積立金額が変動しないことから（法令8①十三），法人税の課税所得の計算への影響は生じない。

　ただし，利益準備金またはその他利益剰余金を減少させ，資本金の額に組み入れた場合には，住民税均等割・事業税資本割の計算上，資本金等の額に加算する必要があるため，住民税および事業税が増加することが考えられる（地法23①四の五イ(1)，72の21①一）。

2　資本金の額の減少による資本準備金またはその他資本剰余金の増加

　資本金の額を減少することにより，資本準備金またはその他資本剰余金を増加させた場合であっても，株主における課税上の影響は生じない。

　また，発行法人においても，当該減資を行ったとしても，資本金等の額および利益積立金額が変動しないことから（法令8①十二），法人税の課税所得の計算への影響は生じない。

3　資本金の額の減少による欠損塡補

　資本金の額を減少することにより，欠損塡補を行った場合であっても，株主における課税上の影響は生じない。

　また，発行法人においても，当該資本金の額の減少を行ったとしても，資本

金等の額および利益積立金額が変動しないことから（法令 8 ①十二），法人税の課税所得の計算への影響は生じない。

ただし，資本金の額をその他資本剰余金に振り替えてから 1 年以内に欠損填補のためにその他利益剰余金のマイナスと相殺した場合には，住民税均等割・事業税資本割の計算において，資本金等の額から減算することとされているため，住民税および事業税が減少することが考えられる（地法23①四の五イ(3)，72の21①三）。

4 準備金の額の減少による欠損填補

準備金の額を減少することにより，欠損填補を行った場合であっても，株主における課税上の影響は生じない。

また，発行法人においても，当該準備金の額の減少を行ったとしても，資本金等の額および利益積立金額が変動しないことから，法人税の課税所得の計算への影響は生じない。

ただし，資本準備金をその他資本剰余金に振り替えてから 1 年以内に欠損填補のためにその他利益剰余金のマイナスと相殺した場合には，住民税均等割・事業税資本割の計算において，資本金等の額から減算することとされているため，住民税および事業税が減少することが考えられる（地法23①四の五イ(3)，72の21①三）。

7 その他利益剰余金の配当

1 基本的な取扱い

内国法人が他の内国法人から配当金を受け取った場合には，法人税法上，受取配当等の益金不算入の適用を受けることができる。ここでいう「益金不算入」とは，収益から除外して，法人税の課税所得の計算を行うという意味である。これは，他の内国法人で課税済みのその他利益剰余金から分配を受けることから，二重課税を回避するための規定である。

【受取配当等の益金不算入】

しかし，100％子会社からの配当であればともかくとして，それ以外の場合には，受取配当金に対応する負債利子が発生していると考えられることや，株式譲渡益と区別して課税関係を成立させる必要もないものもあるため，完全子法人株式等，関連法人株式等，その他の株式等および非支配目的株式等に分けて計算を行うことになる。

まず，完全子法人株式等とは，配当等の額の計算期間を通じて，内国法人との間に完全支配関係があった他の内国法人の株式または出資をいう（法法23⑤，法令22の2）。

そして，関連法人株式等とは，配当等の額の計算期間を通じて，内国法人が

124

他の内国法人の発行済株式総数の３分の１を超える数の株式を引き続き有している場合における当該株式をいう（法法23⑥，法令22の３）。

　これらの株式に対する受取配当等の益金不算入の具体的な計算は以下の通りである。

【完全子法人株式等】

　　受取配当金全額が益金不算入額となる。

【関連法人株式等】

　　受取配当金の金額－控除負債利子＝益金不算入額

　　控除負債利子＝支払利子×関連法人株式等の帳簿価額／総資産価額

【それ以外の株式等】

　　受取配当金の金額×50％＝益金不算入額

【非支配目的株式等】

　　受取配当金の金額×20％＝益金不算入額

　このように，受取配当金に対しては，受取配当等の益金不算入が適用されることから，他の利益に比べて，税負担を圧縮することができる。

※同族会社等の留保金課税の適用を受けるような法人では，受取配当等の益金不算入を適用する前の所得を基礎に留保所得の計算を行うこととされているため（法法67③二），受取配当金に対して留保金課税の対象になるケースがある。

2 ┃ 完全子法人株式等

　前述のように，完全子法人株式等に該当した場合には，控除負債利子の計算を行わず，受取配当金の全額について，受取配当等の益金不算入を適用することができる。

§2 資本等取引 *125*

　法人税法23条5項および同法施行令22条の2第1項では，計算期間の初日から当該計算期間の末日まで継続して配当を支払う他の内国法人との間に完全支配関係があった場合の当該他の内国法人の株式等を完全子法人株式等の定義として規定している。なお，「完全支配関係」と規定されていることから，P社がA社の発行済株式の全部を保有しており，P社がB社の発行済株式総数の100分の70，A社がB社の発行済株式総数の100分の30を保有している場合において，B社からA社に対して行った配当についても，完全子法人株式等に該当させることができる。

　計算期間については，同条2項において，前回の配当に係る基準日の翌日から今回の配当に係る基準日までの期間であるとしながらも，以下の場合においては，「前回の配当に係る基準日の翌日」を次のように読み替えている。

イ．当該翌日が今回の配当に係る基準日から起算して1年前の日以前の日である場合または当該1年前の日以前に設立された他の内国法人からその設立の日以後最初に支払われる配当である場合（ハに掲げる場合を除く。）

　➡当該1年前の日の翌日

ロ．今回の配当に係る基準日以前1年以内に設立された他の内国法人からその設立の日以後最初に支払われる配当等の額である場合（ハに掲げる場合を除く。）

　➡当該設立の日

ハ．その配当の元本である株式等を発行した他の内国法人から基準日以前1年以内に取得したその元本である株式等につきその取得の日以後最初に支払われる配当である場合（募集株式の発行等により株式を取得した者を想定した規定である。）

　➡当該取得の日

ただし，みなし配当の場合には，その効力発生日の前日において完全支配関係があれば，完全子法人株式等に該当するため，上記の計算期間を考慮する必要はない。

3 関連法人株式等

前述のように，関連法人株式等に該当した場合には，控除負債利子の計算を行った後の金額に対して，受取配当等の益金不算入を適用することができる。

法人税法23条6項および同法施行令22条の3第1項では，他の内国法人の発行済株式または出資の総数または総額（自己株式または出資を除く。）の3分の1を超える数または金額の当該他の内国法人の株式等を，当該内国法人が当該他の内国法人から受ける配当に係る計算期間の初日から当該計算期間の末日まで引き続き有している場合における当該他の内国法人の株式等を関連法人株式等の定義として規定している。

また，計算期間については，同条2項において，前回の配当に係る基準日の翌日から今回の配当に係る基準日までの期間としながらも，以下の場合においては，「前回の配当に係る基準日の翌日」を次のように読み替えている。

> イ．当該翌日が今回の配当に係る基準日から起算して6か月前の日以前の日である場合または6か月前の日以前に設立された他の内国法人からその設立の日以後最初に支払われる配当等の額である場合（ハに掲げる場合を除く。）
> ➡当該6か月前の日の翌日
> ロ．今回の配当に係る基準日以前6か月以内に設立された他の内国法人からその設立の日以後最初に支払われる配当等の額である場合（ハに掲げる場合を除く。）
> ➡当該設立の日

§2 資本等取引 *127*

ハ．その配当の元本である株式等を発行した他の内国法人から今回の配当
に係る基準日以前6か月以内に取得したその元本である株式等につきそ
の取得の日以後最初に支払われる配当等の額である場合（募集株式の発
行等により株式を取得した者を想定した規定である。）

➡当該取得の日

　このように，発行済株式総数の3分の1超の株式を6か月以上保有していれ
ば，関連法人株式等に該当する。なお，「引き続き有している場合」と規定さ
れていることから，間接保有を認めていないと解される。

　さらに，完全子法人株式等と異なり，みなし配当の特例が定められていない。
そのため，発行済株式総数の3分の1超を取得してから6か月以内に自己株式
として買い取らせた場合には，関連法人株式等に該当しない。

8 その他資本剰余金の配当

1 発行法人

　その他資本剰余金を原資として配当を行った場合には，プロラタ方式により，受け取った配当金の一部を資本の払戻しとして処理し，残りの一部をみなし配当として処理する。すなわち，資本の払戻しとして処理された部分の金額は資本金等の額の減少として取り扱われ，みなし配当として処理された部分の金額は利益積立金額の減少として取り扱われる。具体的な資本金等の額と利益積立金額の減少額は以下の通りである。

① 資本金等の額の減少（法令8①十八）

$$
減資資本金額 \ = \ 資本の払戻しの直前の資本金等の額 \ \times \ \frac{ロ}{イ}
$$

イ＝資本の払戻しの日の属する事業年度の前事業年度終了の時の資産の帳簿価額から負債（新株予約権に係る義務を含む。）の帳簿価額を減算した金額

※当該資本の払戻しの日以前6か月以内に仮決算を行うことにより中間申告書を提出し，かつ，当該提出した日から当該資本の払戻しの日までの間に確定申告書を提出していなかった場合には，当該中間申告書に係る期間（事業年度開始の日以後6か月の期間）終了の時の資産の帳簿価額から負債（新株予約権に係る義務を含む。）の帳簿価額を減算した金額となる。

※当該終了の時から当該資本の払戻しの直前の時までの間の資本金等の額または利益積立金額（法令9①一に掲げる金額を除く。）が増減した場合には，上記の金額に当該増減額を加減算する。

ロ＝資本の払戻しにより減少した資本剰余金の額

留意事項

・資本の払戻しの直前の資本金等の額が零以下である場合には，減少剰余金割合は零とする。

§2 資本等取引 129

- 資本の払戻しの直前の資本金等の額が零を超え，かつ，分母の金額が零以下である場合には，減少剰余金割合は1とする。
- 減少剰余金割合に小数点以下3位未満の端数があるときはこれを切り上げる。
- 減少剰余金割合が1を超える場合には，減少剰余金割合を1とする。
- 上記の算式により計算した金額が，資本の払戻しにより交付した金銭の額および金銭以外の資産の価額の合計額を超える場合には，交付した金銭の額および金銭以外の資産の価額の合計額が減資資本金額となる。

② 利益積立金額の減少（法令9①十二）

資本の払戻しにより交付した金銭の額および金銭以外の資産の価額の合計額が，減資資本金額を超える場合におけるその超える部分の金額

【発行法人における仕訳】

（資本金等の額）	×××	（現　金　預　金）	×××
（利益積立金額）	×××	（預り源泉所得税）	×××

2 ▌株主

以下の計算により，みなし配当と株式譲渡損益の計算を行う。

① みなし配当の金額（法法24①四，法令23①四，所法25①四，所令61②四）

みなし配当の金額	＝	交付を受けた金銭の額および金銭以外の資産の価額の合計	－	払戻対応資本金額等のうちその交付の基因となった当該法人の株式に対応する部分の金額

130

$$
\begin{array}{l}
\text{払戻対応資本金額等の} \\
\text{うちその交付の基因と} \\
\text{なった当該法人の株式} \\
\text{に対応する部分の金額}
\end{array}
=
\begin{array}{l}
\text{資本の払戻し} \\
\text{の直前の資本} \\
\text{金等の額}
\end{array}
\times \dfrac{\text{ロ}}{\text{イ}} \times \dfrac{\text{保有株式数}}{\text{払戻株式の総数}}
$$

イ＝「①資本金等の額の減少」で使用した数値と同じ数値を使用する。

ロ＝　同　上

②　株式譲渡損益の金額（法法61の2①⑱，措法37の10③四）

有価証券譲渡損益　＝　譲渡収入の金額　－　譲渡原価の金額

（注1）譲渡収入の金額は，交付を受けた金銭の額および金銭以外の資産の価額の合計額からみなし配当の金額を控除することにより算定する。

（注2）譲渡原価の金額は，以下のように計算する（法令119の9①，所令114①）。

$$
\text{譲渡原価の金額　＝　資本の払戻しの直前の所有株式の帳簿価額　} \times \dfrac{\text{ロ}}{\text{イ}}
$$

イ＝「①資本金等の額の減少」で使用した数値と同じ数値を使用する。

ロ＝　同　上

【その他資本剰余金を原資として配当金を受け取った株主における仕訳】

（現　金　預　金）	×××	（有　価　証　券）	×××
（未 収 源 泉 税）	×××	（受 取 配 当 金）	×××
		（株式譲渡損益）	×××

※100％グループ内で自己株式の買取りを行う場合には，株式譲渡損益は認識されない（法法61の2⑰）。この取扱いは，その他資本剰余金の配当を行った場合であっても同様であり，100％子会社がその他資本剰余金の配当を行った場合には，株式譲渡損益を認識せず，資本金等の額の増減項目として処理することになる（法令8①二十二）。具体的には，以下の仕訳の通りである。

§2 資本等取引 *131*

【100％子会社からその他資本剰余金を原資として配当金を受け取った株主における仕訳】

（現 金 預 金）	×××	（有 価 証 券）	×××
（未 収 源 泉 税）	×××	（受 取 配 当 金）	×××
		（資本金等の額）	×××

※100％子会社以外では，みなし配当と株式譲渡損益を認識する必要がある。なお，みなし配当と株式譲渡損が発生する場合には，みなし配当に対しては受取配当等の益金不算入（法法23）が適用され，株式譲渡損は損金の額に算入されることから，みなし配当に相当する部分の金額だけ，法人税法上の損失が増加してしまう。そのため，平成22年度税制改正により，自己株式として取得されることを予定して取得した株式については，上記のみなし配当に相当する金額に対して，受取配当等の益金不算入を適用することができなくなった（法法23③）。しかしながら，この特例は，自己株式の取得によりみなし配当が発生する場合に限定されており，それ以外の事由によりみなし配当が発生する場合には適用されないため，その他資本剰余金を配当原資とする配当を行ったことにより，みなし配当が発生した場合には，たとえ，その他資本剰余金の配当を行うことを予定して取得した株式であっても，受取配当等の益金不算入を適用することができる。なお，極端な事例については，同族会社等の行為計算の否認（法法132）が適用される可能性があるという点に留意が必要である。

9　株式分配

1　概要

　株式分配とは，現物分配（剰余金の配当または利益の配当に限る。）のうち，その現物分配の直前において現物分配法人により発行済株式等の全部を保有されていた法人の当該発行済株式等の全部が移転するもの（その現物分配により当該発行済株式等の移転を受ける者がその現物分配の直前において当該現物分配法人との間に完全支配関係がある者のみである場合における当該現物分配を除く。）をいう（法法2十二の十五の二）。

　非適格株式分配を行った場合には，非適格現物分配と同様に，現物分配法人において，時価で資産を譲渡したものとして，譲渡損益の金額を計算する必要がある。そして，現物分配法人の株主では，みなし配当および株式譲渡損益が発生することになる。

　これに対し，適格株式分配を行った場合には，適格現物分配と同様に，現物分配法人において，適格株式分配の直前の帳簿価額による譲渡をしたものとして譲渡損益の計算を行う必要がある（法法62の5③）。そして，現物分配法人の株主では，みなし配当および株式譲渡損益が発生しないこととされている。

2　純資産の部

(1)　非適格株式分配に該当する場合

　前述のように，非適格株式分配を行った場合には，現物分配法人で譲渡損益が発生する。そして，譲渡損益が発生した後に，現物分配法人の資本金等の額および利益積立金額から減算すべき金額について，以下のように規定されている（法令8①十七，9①十一）。

【資本金等の額から減算すべき金額】

$$資本金等の額から減算すべき金額 = A \times \frac{B}{C}$$

A＝現物分配法人の株式分配の直前の資本金等の額

B＝完全子法人株式の株式分配の直前の帳簿価額（零が下限となる。）

C＝現物分配法人の株式分配の日の属する事業年度の前事業年度終了の時の簿価純資産価額（当該前事業年度終了の時から当該株式分配の直前の時までの間に資本金等の額または利益積立金額（法令9①一に掲げる金額を除く。）が増加しまたは減少した場合には，その増減後の金額）

（注1）株式分配の日以前6か月以内に仮決算による中間申告書を提出し，かつ，その提出の日から株式分配の日までの間に確定申告書を提出していなかった場合には，中間申告書に係る期間（事業年度開始の日以後6か月の期間）終了の時の簿価純資産価額をいう。

（注2）B／C（株式分配割合）は小数点以下第3位未満の端数を切り上げて計算する。

（注3）特殊な事例

実務上，稀であると思われるが，以下に掲げるものは，次の計算方法による。

(i) 現物分配法人の株式分配の直前の資本金等の額が零以下である場合には，株式分配割合は零とする。

(ii) 現物分配法人の株式分配の直前の資本金等の額および分子の金額が零を超え，かつ，分母の金額が零以下である場合には，株式分配割合は1とする。

(iii) 株式分配割合が1を超えるときは，株式分配割合を1とする。

【利益積立金額から減算すべき金額】

> 利益積立金額から減算すべき金額
> ＝完全子法人株式の時価－減算すべき資本金等の額

【現物分配法人の仕訳】

（資本金等の額）	×××	（資　　　　産）	×××
（利益積立金額）	×××	（預 り 源 泉 税）	×××
		（譲 渡 利 益）	×××

(2)　適格株式分配に該当する場合

　前述のように，適格株式分配を行った場合には，現物分配法人では譲渡損益が認識されない（法法62の5③）。

　そして，法人税法施行令8条1項16号では，適格株式分配の直前の完全子法人株式の帳簿価額に相当する金額が現物分配法人の資本金等の額から減算すべき金額となることが明らかにされている。そのため，資本金等の額のみから減算させ，利益積立金額は増減しない。これは，被現物分配法人の株主において，みなし配当が発生しないからであると考えられる。

【現物分配法人の仕訳】

（資本金等の額）	×××	（資　　　　産）	×××

§2 資本等取引 *135*

3 ┃ 株主課税

(1) 非適格株式分配に該当する場合

① みなし配当の計算

法人税法23条1項および所得税法24条1項では，株式分配を受取配当金から除外するとともに，法人税法24条1項3号および所得税法25条1項3号において，非適格株式分配をみなし配当に含めている。つまり，完全子法人株式の時価をそのまま受取配当金とするのではなく，みなし配当として計算された金額が受取配当等の益金不算入の対象になる。

また，株式分配により交付を受けた資産の価額の合計額が，当該法人の資本金等の額のうちその交付の基因となった当該法人の株式に対応する部分の金額を超えるときは，その超える部分の金額がみなし配当となる。このうち，「当該法人の資本金等の額のうちその交付の基因となった当該法人の株式に対応する部分の金額」は，以下のように計算を行う。

【当該法人の資本金等の額のうちその交付の基因となった当該法人の株式に対応する部分の金額（法法24①三，法令23①三，所法25①三，所令61②三）】

$$
\begin{array}{l}
\text{交付の基因となった当} \\
\text{該法人の株式に対応す} \\
\text{る部分の金額}
\end{array}
=
\begin{array}{l}
\text{株式分配の直} \\
\text{前の資本金等} \\
\text{の額}
\end{array}
\times \frac{ロ}{イ} \times
\frac{\text{保有株式数}}{\begin{array}{c}\text{株式分配に係る}\\\text{株式の総数}\end{array}}
$$

イ＝現物分配法人の前事業年度終了の時の簿価純資産価額（当該前事業年度終了の時から当該株式分配の直前の時までの間に資本金等の額または利益積立金額（法令9①一に掲げる金額を除く。）が増加または減少した場合には，その増減後の金額）

※「前事業年度終了の時の簿価純資産価額」とは，現物分配法人の株式分配の日の属する事業年度の前事業年度終了の時の簿価純資産価額をいうが，株式分配の日以前6か月以内に

仮決算による中間申告書を提出し，かつ，その提出の日から株式分配の日までの間に確定申告書を提出していなかった場合には，中間申告書に係る期間（事業年度開始の日以後6か月の期間）終了の時の簿価純資産価額をいう。

ロ＝完全子法人株式の株式分配の直前の帳簿価額（零が下限となる。）

※当該金額がイに掲げる金額を超える場合（イに掲げる金額が0に満たない場合を除く。）には，イに掲げる金額とする。そのほか，ロ／イ（株式分配割合）についての留意点は，前述2(1)で解説した内容と同様である。

② 株式譲渡損益の計算

これに対し，完全子法人株式以外の資産の交付を受けていない株式分配を行った場合には，株式譲渡損益の計上は不要である（法法61の2⑧）。法人税法61条の2第8項では，完全子法人株式以外の資産の交付を受ける株式分配を想定した規定となっているが，そもそも株式分配は現物分配の一形態であることから（法法2十二の十五の二），完全子法人株式以外の資産の交付を受ける株式分配に該当することは極めて稀であろう。

その結果，非適格株式分配に該当した場合には，①株式分配に係る現物分配法人株式の当該株式分配の直前の帳簿価額に当該株式分配に係る株式分配割合を乗じて計算した金額と②みなし配当の金額を合計した金額が完全子法人株式の帳簿価額になる。このうち，①の金額は以下の通りである（法令119①八，119の8の2①，23①三，所令113の2①，61②三）。

【完全子法人株式の取得価額の計算】

$$上記①の金額 ＝ A \times \frac{B}{C}$$

A＝現物分配法人株式の株式分配の直前の帳簿価額

B＝完全子法人株式の株式分配の直前の帳簿価額（零が下限となる。）

C＝現物分配法人の株式分配の日の属する事業年度の前事業年度終了の時の簿価純資産価額（当該前事業年度終了の時から当該株式分配の直前の時まで

§2 資本等取引 *137*

の間に資本金等の額または利益積立金額（法令9①一に掲げる金額を除く。）が増加しまたは減少した場合には，その増減後の金額）

（注1）株式分配の日以前6か月以内に仮決算による中間申告書を提出し，かつ，その提出の日から株式分配の日までの間に確定申告書を提出していなかった場合には，中間申告書に係る期間（事業年度開始の日以後6か月の期間）終了の時の簿価純資産価額をいう。

（注2）B／C（株式分配割合）は小数点以下第3位未満の端数を切り上げて計算する。

（注3）特殊な事例

実務上，稀であると思われるが，以下に掲げるものは，次の計算方法による。

（ⅰ）現物分配法人の株式分配の直前の資本金等の額が零以下である場合には，株式分配割合は零とする。

（ⅱ）現物分配法人の株式分配の直前の資本金等の額および分子の金額が零を超え，かつ，分母の金額が零以下である場合には，株式分配割合は1とする。

（ⅲ）株式分配割合が1を超えるときは，株式分配割合を1とする。

(2) 適格株式分配に該当する場合

法人税法62条の5第4項では，適格現物分配のみが規定されており，適格株式分配に係る規定はない。また，同法24条1項3号では，みなし配当として取り扱われる株式分配から適格株式分配が除外されており，同法61条の2第8項では，完全子法人株式以外の資産の交付を受けていない場合には，株式譲渡損益の計上は不要であるとされている。なお，厳密には，条文上，完全子法人株式以外の資産の交付を受ける株式分配を想定した規定となっているが，そもそも株式分配は現物分配の一形態であることから（法法2二十二の十五の二），完全子法人株式以外の資産の交付を受ける株式分配に該当することは極めて稀であると考えられる。

このように，適格株式分配を行った場合には，みなし配当も株式譲渡損益も発生しないし，適格現物分配のように，益金の額に算入されない収益の額も発生しない。

　その結果，適格株式分配に該当した場合には，現物分配法人株式の株式分配の直前の帳簿価額に株式分配割合を乗じて計算した金額を完全子法人株式の取得価額に付け替えるだけで，特に課税上の問題は生じない。具体的に，完全子法人株式の取得価額に付け替えるべき金額は以下の通りである（法令119①八，119の8の2①，23①三，所令113の2①，61②三）。

【完全子法人株式の取得価額の計算】

$$完全子法人株式の取得価額 \ = \ A \ \times \ \frac{B}{C}$$

A＝現物分配法人株式の株式分配の直前の帳簿価額

B＝完全子法人株式の株式分配の直前の帳簿価額（零が下限となる。）

C＝現物分配法人の前事業年度終了の時の簿価純資産価額（当該前事業年度終了の時から株式分配の直前の時までの間に資本金等の額または利益積立金額（法令9①一に掲げる金額を除く。）が増加しまたは減少した場合には，その増減後の金額）

（注1）「前事業年度終了の時の簿価純資産価額」とは，現物分配法人の株式分配の日の属する事業年度の前事業年度終了の時の簿価純資産価額をいうが，株式分配の日以前6か月以内に仮決算による中間申告書を提出し，かつ，その提出の日から株式分配の日までの間に確定申告書を提出していなかった場合には，中間申告書に係る期間（事業年度開始の日以後6か月の期間）終了の時の簿価純資産価額をいう。

（注2）B／C（株式分配割合）は小数点以下第3位未満の端数を切り上げて計算する。

（注3）特殊な事例

実務上，稀であると思われるが，以下に掲げるものは，次の計算方法による。

(ⅰ) 現物分配法人の株式分配の直前の資本金等の額が零以下である場合には，株式分配割合は零とする。

(ⅱ) 現物分配法人の株式分配の直前の資本金等の額および分子の金額が零を超え，かつ，分母の金額が零以下である場合には，株式分配割合は1とする。

(ⅲ) 株式分配割合が1を超えるときは，株式分配割合を1とする。

10 現物分配

1 非適格現物分配

(1) 現物分配法人

① その他利益剰余金を配当原資とした場合

　非適格現物分配を行った場合には，現物分配法人で譲渡損益を認識する必要がある（法法22②）。そして，法人税法施行令9条1項8号では，「剰余金の配当として株主等に交付する金銭の額および金銭以外の資産の価額の合計額」を利益積立金額から減算することが規定されている。

　すなわち，現物分配法人では，譲渡損益を認識することにより利益積立金額が増減し，その後，株主に分配した金銭以外の資産の価額に相当する金額を利益積立金額から減算させる必要がある。そのため，譲渡損益を認識した後の処理は，金銭を配当財産とするその他利益剰余金の配当と変わらない。

【その他利益剰余金を配当原資とした場合】

(利益積立金額)	×××	(資　　　　産)	×××
		(預 り 源 泉 税)	×××
		(譲 渡 利 益)	×××

② その他資本剰余金を配当原資とした場合

　その他資本剰余金を配当原資とした場合には，法人税法施行令9条1項12号において，「資本の払戻し等により交付した金銭の額および金銭以外の資産の価額の合計額」が「減資資本金額（法令8①十八）」を超える場合におけるその超える部分の金額を，利益積立金額から減算させることが明らかにされている。

　すなわち，現物分配法人では，譲渡損益を認識することにより利益積立金額

§2　資本等取引　　*141*

が増減し，その後，金銭を配当財産とするその他資本剰余金の配当と同様の考え方により，資本金等の額および利益積立金額に減算すべき金額を算定することになる。

【その他資本剰余金を配当原資とした場合】

（資本金等の額）	×××	（資　　　　産）	×××
（利益積立金額）	×××	（預 り 源 泉 税）	×××
		（譲 渡 利 益）	×××

(2)　被現物分配法人

　被現物分配法人では，その他利益剰余金を配当原資とした場合には受取配当金が認識され（法法23①一），その他資本剰余金を配当原資とした場合には受取配当金や株式譲渡損益が認識されることになる（法法24①四，61の2①⑱）。そのため，金銭を配当財産とする剰余金の配当と変わらない。

2 ▎適格現物分配

(1)　現物分配法人

①　その他利益剰余金を配当原資とした場合

　適格現物分配を行った場合には，現物分配法人において譲渡損益を認識しない（法法62の5③）。その場合には，法人税法施行令9条1項8号において，「剰余金の配当として株主等に交付する金銭の額及び金銭以外の資産の価額（適格現物分配に係る資産にあつては，その交付の直前の帳簿価額）の合計額」を利益積立金額の減少額と規定していることから，現物分配法人では，被現物分配法人に交付した資産のその交付の直前の帳簿価額に相当する金額が，現物分配法人の利益積立金額の減少額になる。

【現物分配法人】

（利益積立金額）	×××	（資　　　産）	×××

②　その他資本剰余金を配当原資とした場合

　その他資本剰余金を配当原資とした場合には，法人税法施行令９条１項12号において，「資本の払戻し等により交付した金銭の額及び金銭以外の資産の価額（適格現物分配に係る資産にあつては，その交付の直前の帳簿価額）の合計額」が「減資資本金額（法令８①十八）」を超える場合におけるその超える部分の金額が，利益積立金額の減少額となることが明らかにされている。

　したがって，「資本の払戻し等により交付した金銭の額」が「適格現物分配により交付した資産の交付の直前の帳簿価額」に変わるだけで，基本的な考え方は，金銭を配当財産とするその他資本剰余金の配当と変わらない。

　なお，条文上，減資資本金額の算定における分子の金額は「資本の払戻しにより減少した資本剰余金の額」とされており，適格現物分配により交付した資産の交付の直前の帳簿価額とは必ずしも一致しないという点にご留意されたい（国税庁HP質疑応答事例「適格現物分配による資本の払戻しを行った場合の税務上の処理について」参照）。

【現物分配法人における仕訳】

（資本金等の額）	×××	（資　　　産）	×××
（利益積立金額）	×××		

(2)　被現物分配法人

　その他利益剰余金を配当原資として適格現物分配を行う場合には，被現物分配法人では，適格現物分配により発生した受取配当金を益金の額に算入させず（法法62の５④），現物分配法人から交付を受けた資産の適格現物分配の直前の

§2 資本等取引 143

帳簿価額に相当する金額を利益積立金額の増加項目として取り扱う（法法２十八，法令９①四）。

　しかしながら，その他資本剰余金を配当原資として適格現物分配を行う場合には，現物分配法人から交付を受けた資産の適格現物分配の直前の帳簿価額に相当する金額を基に，被現物分配法人において発生すべき株式譲渡損益に相当する金額を資本金等の額の増減項目として取り扱い（法法２十六，法令８①二十二），みなし配当に相当する金額を利益積立金額の増加項目として取り扱う（法法２十八，法令９①四）。

【その他利益剰余金を配当原資とした場合】

（資　　　　　産）	×××　（利益積立金額）	×××

【その他資本剰余金を配当原資とした場合】

（資　　　　　産）	×××　（利益積立金額）	×××
	（子 会 社 株 式）	×××
	（資本金等の額）	×××

※「株式譲渡損益に相当する金額」は，みなし配当に相当する金額および子会社株式の譲渡原価の金額の合計額から被現物分配法人に移転をした資産の適格現物分配の直前の帳簿価額に相当する金額を減算した金額に相当する金額をいう（法法２十六，法令８①二十二）。
　　また，「みなし配当に相当する金額」は，現物分配法人から交付を受けた資産の適格現物分配の直前の帳簿価額に相当する金額から発行法人の資本金等の額のうちその交付の基因となった当該法人の株式に対応する部分の金額（現物分配直前の資本金等の額×減少剰余金割合×持分比率）を控除した金額をいう（法法２十八，法令９①四，法令23①三）。

§ 3

組織再編

　平成22年度税制改正，平成30年度税制改正により，無対価組織再編における税務上の取扱いが明確化され，原則として，非適格組織再編として整理されるとともに，対価の交付を省略したと認められる場合にのみ，適格組織再編として整理された。

　本セクションでは，無対価組織再編における税務上の取扱いについて解説を行う。

1 合併

1 税制適格要件の判定

(1) 基本的な取扱い

　合併における税制適格要件は，(1)グループ内の適格合併，(2)共同事業を行うための適格合併の2つに大別される（法法2十二の八）。さらに，(1)グループ内の適格合併は，①完全支配関係内の適格合併（100％グループ内の適格合併）と，②支配関係内の適格合併（50％超100％未満グループ内）に分けられる。具体的な内容は以下の通りである。

＜税制適格要件＞

完全支配関係内	支配関係内	共同事業
(i)　金銭等不交付要件	(i)　金銭等不交付要件 (ii)　従業者従事要件 (iii)　事業継続要件	(i)　金銭等不交付要件 (ii)　従業者従事要件 (iii)　事業継続要件 (iv)　事業関連性要件 (v)　事業規模要件または特定役員引継要件 (vi)　株式継続保有要件

(2) 無対価合併における取扱い

　会社法上，無対価合併（被合併法人の株主に対して，合併法人株式やその他の資産を全く交付しない吸収合併）が認められている（会社法749①二）。会社法上，合併法人が保有する被合併法人株式に対して合併対価資産を交付することが認められないため，合併法人が被合併法人の発行済株式の全部を保有している場合には，無対価合併を選択せざるを得ない（会社法749①三）。さらに，

被合併法人と合併法人の株主構成が同一である場合には，対価を交付したとしても，対価を交付しなかったとしても，合併後の株主構成は変わらないため，何ら対価を交付しない無対価合併を行うことがある。

このような無対価合併を行った場合に，法人税法上，金銭等不交付要件に抵触するか否かが問題になるが，条文上，被合併法人の株主に合併法人株式または合併親法人株式のいずれか一方の株式以外の資産が交付されないことが要件となっており，合併法人株式を交付することは求められていない（法法２十二の八）。そのため，合併法人株式を交付しなかったとしても，他の資産も交付されていないのであれば，金銭等不交付要件には抵触しない。

また，合併法人が被合併法人の発行済株式の全部を保有している場合，被合併法人と合併法人の株主構成が同一である場合には，対価を交付したとしても，対価を交付しなかったとしても，合併後の株主構成は変わらないことから，合併法人株式を交付したものとみなして合併処理を行うことが制度趣旨に合致すると考えられる。

そのため，平成22年度税制改正，平成30年度税制改正において，無対価合併を行った場合における税制適格要件の判定方法が明確になり，通常の税制適格要件に加え，以下に該当する事案に限り，税制適格要件を満たすことになった（法令４の３②～④）。

(1) 完全支配関係内の適格合併

① 当事者間の完全支配関係がある場合

　(i) 合併法人が被合併法人の発行済株式の全部を直接に保有している場合

② 同一の者による完全支配関係がある場合

　(i) 合併法人が被合併法人の発行済株式の全部を直接に保有している場合

　(ii) 被合併法人と合併法人の株主構成が同一の場合

（注１）平成30年度税制改正前に認められていた「合併法人及び当該合併法人の発行済株式等の全部を保有する者が被合併法人の発行済株式等の全部を保有する関係」「被合併法人及び当該被合併法人の発行済株式等の全部を保有する者が合併法人の発行済株式等の全部を保有する関係」は，被合併法人と合併法人の株主構成が同一かどうかの判定において，「当該被合併法人及び合併法人を除く」と規定されていることから，平成30年度税制改正後も，対価の交付を省略したと認められる場合に含まれると解される。

(2) 支配関係内の適格合併

① 当事者間の支配関係がある場合

　　被合併法人と合併法人の株主構成が同一の場合

② 同一の者による支配関係がある場合

　(i) 合併法人が被合併法人の発行済株式の全部を直接に保有している場合

　(ii) 被合併法人と合併法人の株主構成が同一の場合

(3) 共同事業を行うための適格合併

　　被合併法人と合併法人の株主構成が同一の場合

（注２）会社法上，吸収合併を行った場合には，吸収合併契約書に記載する事項として，会社法749条１項２号において「その株式又は持分に代わる金銭等を交付するときは」と規定されていることから，何ら対価を交付しない吸収合併をも認めていると解される。このことは，吸収分割（会社法758四），株式交換（会社法768①二）においても同様である。

　　　これに対し，新設合併を行った場合には，新設合併契約書に記載する事項として，会社法753条１項６号において「その株式又は持分に代わる当該新設合併設立株式会社の株式の数又はその数の算定方法」と規定し，同項７号において「株式の割当てに関する事項」を規定し，同項８号において「その株式又は持分に代わる当該新設合併設立株式会社の社債等を交付するときは」と規定している。すなわち，何ら対価を交付しない新設合併を認めていないと解され，新設

分割（会社法763），株式移転（会社法773）においても同様に解される。
　すなわち，何ら対価を交付しない無対価組織再編の議論は，吸収型再編である吸収合併，吸収分割および株式交換のみの議論であると言える。

　上記のうち，実務上，最も利用されるものは，完全支配関係内の適格合併の判定における①(i)合併法人が被合併法人の発行済株式の全部を直接に保有している場合（すなわち，100％子会社との合併）と，②(ii)被合併法人と合併法人の株主構成が同一の場合（すなわち，100％兄弟会社との合併）の2つであると考えられる。
　なお，（イ）直接に保有することが要求されていることから，間接保有は認められていないという点と，（ロ）被合併法人と合併法人の株主構成が同一であるか否かの判定において親族等が保有している株式を含まないことから，下図のような無対価合併を行った場合には，非適格合併として取り扱われてしまうという点についてご留意されたい。

【他の親族が保有している場合】

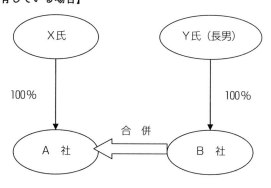

　また，平成30年度税制改正前は「一の者が被合併法人及び合併法人の発行済株式等の全部を保有する関係」と規定されていたが，「被合併法人及び合併法人の株主等（当該被合併法人及び合併法人を除く。）の全てについて，その者

が保有する当該被合併法人の株式（出資を含む。以下この条において同じ。）の数（出資にあつては，金額。以下この条において同じ。）の当該被合併法人の発行済株式等（当該合併法人が保有する当該被合併法人の株式を除く。）の総数（出資にあつては，総額。以下この条において同じ。）のうちに占める割合と当該者が保有する当該合併法人の株式の数の当該合併法人の発行済株式等（当該被合併法人が保有する当該合併法人の株式を除く。）の総数のうちに占める割合とが等しい場合における当該被合併法人と合併法人との間の関係」と改められた。そのため，平成30年度税制改正により，株主が複数である場合であっても，被合併法人と合併法人の株主が同一であり，かつ，発行済株式総数に占める割合も同一であれば，税制適格要件に抵触しないことになった。

　ただし，前述のように，発行済株式総数に占める割合が同一であるかどうかの判定は，親族等が保有する株式を含めずに行うという点に留意が必要である。したがって，例えば，X氏がA社の発行済株式総数の100分の70に相当する数の株式とB社の発行済株式総数の100分の60に相当する数の株式を保有しており，Y氏がA社の発行済株式総数の100分の30に相当する数の株式とB社の発行済株式総数の100分の40に相当する数の株式を保有している場合には，税制適格要件に抵触することになる。

【税制適格要件を満たす場合】

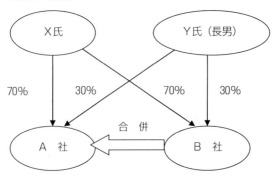

【税制適格要件を満たさない場合】

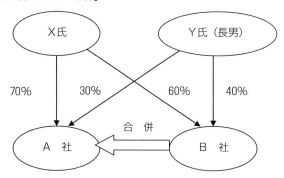

2 時価と異なる非適格合併

(1) 被合併法人の課税関係

　非適格合併を行った場合には，被合併法人の資産および負債を合併の時の時価で譲渡し，対価として合併法人株式その他の資産（以下，「合併対価資産」という。）をその時の時価により取得し，直ちに，当該合併対価資産を被合併法人の株主に対して交付したものとして取り扱う（法法62①）。

【非適格合併における取引図】

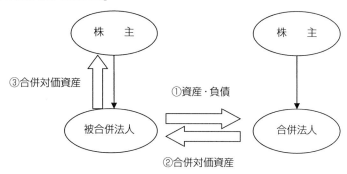

すなわち，一般的には，被合併法人から合併法人に移転した資産および負債の価額（のれんを含む。）と合併対価資産の価額は等価であるものとして処理を行う。しかし，合併比率を調整することにより，必ずしも等価交換にならないケースも考えられる。そのような場合において，実際に交付された合併対価資産の価額により譲渡収入の金額の計算を行ってしまうと，被合併法人の譲渡損益が適正に計算されないという問題が生じる。

この点につき，後述するように，合併法人側の資産調整勘定および差額負債調整勘定の計算上，合併対価資産につき，被合併法人と合併法人との間の寄附金の額に相当する金額を寄附金または受贈益として調整することにより，適正に資産調整勘定または差額負債調整勘定を計算するための規定が設けられている（法法62の8①③）。

したがって，被合併法人の資産および負債の合併時の時価と比較して合併法人から合併の対価として受け取った合併対価資産が過少である場合には，被合併法人の資産および負債の合併時の時価と合併対価資産の合併時の時価との差額を寄附金として処理することにより，譲渡損益の計算を行う必要がある。

すなわち，被合併法人の資産および負債の価額に相当する適正な合併比率に基づいて交付すべき合併対価資産の合併時の価額が100であるにもかかわらず，80の価値に相当する合併対価資産の交付しか受けなかった場合には，被合併法人から合併法人に対する20の寄附金があるものとして譲渡損益の計算を行うことになる。

【被合併法人の仕訳】

（諸　負　債）	100	（諸　資　産）	130
（合併法人株式）	80	（合併譲渡利益）	70
（寄　附　金）	20		

これに対し，適正な合併比率に基づいて交付すべき合併対価資産の合併時の価額が100であるのに対し，150の価値に相当する合併対価資産を交付した場合には，50の受贈益が発生する。しかし，これを合併譲渡利益と区分して，受贈

§3　組織再編　*153*

益として処理したとしても，法人による完全支配関係がある場合を除き，基本的な課税所得の金額は変わらないため，この場合には特段の調整は不要である。

(2)　合併法人の課税関係

①　不平等な合併比率で合併を行った場合

　非適格合併を行った場合において，合併法人において資産調整勘定を認識したときは，当該資産調整勘定の取崩しにより，将来の課税所得を圧縮することができる。しかし，単なる差額概念として計算されることから，資産調整勘定として処理することにより，将来の課税所得を圧縮させることがなじまないものもある。このような場合には，寄附金または資産等超過差額として処理する必要がある。

　すなわち，法人税法62条の8第1項では，合併法人が合併により交付した合併法人株式その他の資産の価額の合計額には，被合併法人から支出を受けた寄附金の額に相当する金額を含み，被合併法人に対して支出をした寄附金の額に相当する金額を除くことが明らかにされている。したがって，あるべき合併比率に基づいて交付すべき合併対価資産の時価が100であるにもかかわらず，80の価値に相当する合併対価資産しか交付しなかった場合には，被合併法人から合併法人に対する20の寄附金があるものとして「合併法人が合併により交付した合併法人の株式その他の資産の価額の合計額」に加算され，あるべき合併比率に基づいて交付すべき合併対価資産の時価（100）を基礎に資産調整勘定の計算を行うことになる。

　しかしながら，増加した資産調整勘定に相当する金額（20）に対して，貸方側でどのように処理すべきかが問題になる。なぜならば，資産調整勘定の計算では，寄附金相当額の調整計算についての規定があるが（法法62の8①），資本金等の額の計算では「当該合併に係る被合併法人の株主等に交付した当該法人の株式，金銭並びに当該株式及び金銭以外の資産並びに法第二十四条第二項の規定により抱合株式に対して交付されたものとみなされる資産の価額の合計

154

額（法令８①五イ）」を基礎に計算することとされており，寄附金相当額の調整計算についての規定が存在せず，かつ，非適格合併であることから利益積立金額を増加させることもできないからである（法令９①二参照）。

　この点については，被合併法人から合併法人に対する寄附金相当額を合併法人において益金の額として処理すべきであろう。すなわち，合併による資本金等の額の増加は資本等取引に該当するが（法法22⑤），合併法人が被合併法人から移転を受けた資産および負債の時価純資産価額のうち，対価として交付した合併対価資産の時価を超える部分の金額は，「無償による資産の譲受け」に類する行為があると考えられることから，益金の額に算入する必要がある（法法22②）。

【合併法人】

（諸　　資　　産）	130	（諸　　負　　債）	100
（資産調整勘定）	70	（資本金等の額）	80
		（受　　贈　　益）	20

　これに対して，150の価値に相当する合併対価資産を交付した場合には，合併法人から被合併法人に対する50の寄附金があるものとして，合併法人が合併により交付した合併法人株式その他の資産の価額の合計額から減算される。そのため，あるべき合併比率に基づいて交付すべき合併対価資産の時価（100）を基礎に資産調整勘定の計算を行うことになる。

【合併法人】

（諸　　資　　産）	130	（諸　　負　　債）	100
（資産調整勘定）	70	（資本金等の額）	150
（寄　　附　　金）	50		

② 合併比率の算定基準日から合併の日までの間に，時価が増減した場合

　合併比率の算定基準日から合併の日までの間に対価として交付した合併対価資産の時価や被合併法人の時価純資産価額が増減することにより，結果的に不平等な合併比率になってしまうこともある。そのため，このようなものまで寄附金として処理すべきか否かが問題になる。

　この点につき，資産等超過差額として処理すべきと規定した制度趣旨として，『平成18年度版改正税法のすべて』368頁では，「その対価である株式の価額が異常に高騰した場合に，移転資産の価額もそれに見合って異常に高騰しているとは考え難いということです。そこで，このような場合に，その異常な部分についてまで5年間で償却すべき資産調整勘定の金額とすべきであるかというと，<u>資産としての扱いまでを否定しないものの資産調整勘定の金額とは異なった取扱いとすることとされたものです</u>。」と解説されている（下線筆者）。

　すなわち，「対価として交付した合併対価資産の時価」が異常に高騰した場合であっても「資産としての扱いまでを否定しない」としていることから，異常でない時価の増減を「資産としての扱いを否定」して寄附金として処理すべきではない。そのため，合併比率の算定基準日から合併の日までの間に対価として交付した合併対価資産の時価や被合併法人の時価純資産価額が増減することにより，結果的に不平等な合併比率になってしまったとしても，積極的に寄附金として処理する必要はなく，原則として，資産調整勘定として処理すべきであると考えられる。

③ 資産等超過差額

　条文上，下記のような場合には，資産調整勘定としてなじまないことから，その一部の金額を資産等超過差額として処理することにより，将来の課税所得の圧縮を行うことができないことが明らかにされている（法令123の10④⑥，法規27の16）。

ⅰ）合併により交付する合併対価資産が約定日から合併の日までの間に異常に高騰した場合

ⅱ）被合併法人の欠損金額相当額を資産調整勘定として処理するという租税回避が行われている場合

ⅰ）合併により交付する合併対価資産が約定日から合併の日までの間に異常に高騰した場合

　資産調整勘定の計算は，移転する資産および負債の時価と合併対価資産の時価が等価であることが前提となっている。また，法人税法上は合併の日における合併対価資産の時価を基礎に資産調整勘定の計算を行うこととされている。そのため，約定日から合併の日までの間に合併により交付する合併対価資産の時価が異常に高騰した場合には，資産調整勘定の金額も増加することになる。

　しかし，合併の対価である合併対価資産の時価が異常に高騰したからといって，被合併法人から移転を受ける事業の価値も同時に増加するとは考えにくく，そのような部分に対して，資産調整勘定としての償却を認めるべきか否かという問題が生じる。

　そのため，法人税法施行規則27条の16第1項1号では，合併により交付した合併対価資産の合併の日における価額が，約定日の価額の2倍を超える価額になっている場合には，以下のいずれかの部分の金額を資産調整勘定として処理せず，資産等超過差額として処理することが明らかにされている。

（イ）合併の対価として交付した合併対価資産の合併の日における価額から当該非適格合併により移転を受けた事業の価値に相当する金額として当該事業により見込まれる収益の額を基礎として合理的に見積もられる金額（DCF法などによる評価額）を控除した金額

§3 組織再編 *157*

> （ロ）合併により交付した合併対価資産の合併の日における価額から約定
> 　　日の価額と移転を受けた個別資産および負債の時価純資産価額のいず
> 　　れか大きい金額を控除した金額

　しかし，これらはあくまでも合併法人側の処理であるため，被合併法人にお
ける譲渡損益の計算では，当該異常に高騰した合併対価資産の時価を基礎に譲
渡損益の計算を行う必要がある。

ⅱ) 被合併法人の欠損金額相当額を資産調整勘定として処理するという租税回避が行われている場合

　平成18年改正前法人税法においても，営業権の金額を不当に高く評価するこ
とによって，被合併法人の欠損金額を合併法人の営業権として処理するという
租税回避が行われ，税務上，問題とされていた。

　その問題を防止するために，条文上，資産調整勘定の金額が合併により移転
を受ける事業により見込まれる収益の額の状況その他の事情からみて実質的に
当該合併に係る被合併法人の欠損金額に相当する部分からなると認められる場
合には，その部分の金額について資産等超過差額として処理することが明らか
にされている。

　しかし，前述のように，合併法人が対価として交付した合併対価資産の合併
の時の時価が移転を受ける被合併法人の事業価値に比べて不当に大きい場合に
は，その差額を合併法人から被合併法人に対する寄附行為があったものとして
処理することが明らかとされており，条文構成上，寄附金の規定が資産等超過
差額の規定に優先するため，ほとんどのケースでは，寄附金として処理されて
しまい，資産等超過差額として処理されるケースはそれほど多くはないと考え
られる。

(3) 株主の課税関係

　§2で解説したように，第三者割当増資を行う場合において，有利発行または高額引受けを行った場合には，株主間贈与の問題が生じるため，法人税，所得税または贈与税の課税関係が生じる可能性がある。

　すなわち，時価と異なる合併比率により合併を行った場合も同様に，合併法人の主要株主が個人であり，かつ，被合併法人の主要株主が個人である場合において，これらの者が親族等に該当するときは，贈与税の問題が生じる（相基通9－2，9－4）。

　これに対し，贈与税の課税対象にならない場合（一方または双方の株主が法人である場合）において，どのように株主間贈与の問題を整理するのかが問題になる。なぜなら，前述のように，非適格合併に該当する場合には，合併法人と被合併法人との間の贈与関係として処理されているからである。

　もちろん，被合併法人の株主に対して，100百万円の金銭を交付すべきところ，300百万円の金銭を交付した場合のように，被合併法人の株主にとって有利な合併比率である非適格合併を行った場合には，被合併法人の株主では，みなし配当の金額が200百万円増加し，受取配当等の益金不算入（個人の場合には，配当控除）の適用を受けることができるため，みなし配当ではなく，受贈益として処理すべきであるという考え方もあり得る。

　しかしながら，被合併法人において，合併譲渡利益が200百万円増加していることから，被合併法人の株主において発生するみなし配当は，被合併法人において課税済みの利益であることに疑いはなく，二重課税を排除しようとする受取配当等の益金不算入，配当控除の制度趣旨には反していない。

　したがって，贈与税の課税対象になる場合を除き，合併比率が不平等であったとしても，被合併法人の株主，合併法人の株主において課税関係を生じさせるべきではないと考えられる。

3 無対価の非適格合併（対価の交付を省略したと認められない場合）

(1) 被合併法人の課税関係

　被合併法人が債務超過である場合において，非適格合併を行ったときは，被合併法人株式の時価が０円であることから，無対価合併を行うことが考えられる。しかしながら，対価の交付を省略したと認められない場合には，被合併法人における合併譲渡損益の計算をどのように行うべきかが問題となる。

　前述のように，非適格合併を行った場合には，被合併法人の資産および負債を合併時の時価で譲渡し，対価として合併対価資産を合併時の時価により取得し，直ちに，当該合併対価資産を被合併法人の株主に対して交付したものとして処理することが明らかにされている（法法62①）。

【非適格合併における取引図】

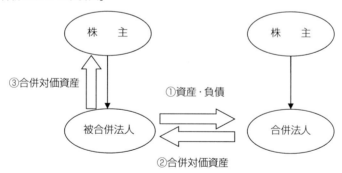

　すなわち，無対価で非適格合併を行った場合には，合併法人から被合併法人に対して交付する対価がゼロであったと考えられる。この場合には，被合併法人は債務超過会社であることから，例えば簿価ベースの債務超過額が100であるとすると，当該債務超過の状況にある資産および負債を０で譲渡したことになるため，以下の仕訳のように，被合併法人で100の譲渡利益が発生したと考えざるを得ない。

160

【無対価の非適格合併】

（合併対価資産）		0	（資　　　　産）			200
（負　　　　債）		300	（譲　渡　利　益）			100

　また，被合併法人では，繰越欠損金と当該譲渡利益とを相殺することができるが，法人税法59条３項に規定する特例欠損金（期限切れ欠損金）は，通常の解散と異なり，非適格合併により解散する場合には適用することができない。

　したがって，債務超過会社を被合併法人とする無対価の非適格合併を行う場合には，被合併法人の簿価ベースの債務超過額に相当する金額の譲渡利益が発生するという点に留意が必要ある。

(2)　合併法人の課税関係

　前述のように，原則として，合併法人では資産調整勘定を認識することになるが，資産調整勘定としての価値が認められずに，寄附金として処理すべき場合も多いと思われる。

(3)　被合併法人の株主の課税関係

　被合併法人の株主において，株式譲渡損益を認識しない特例（法法61の２②）は，①合併法人株式または親法人株式のいずれか一方の株式のみが交付された合併，②対価の交付を省略したと認められる無対価合併のいずれかの場合にのみ適用することができる。

　すなわち，対価の交付を省略したと認められない無対価合併に対しては，本特例の適用を受けることができないため，譲渡収入が０円であるとして，被合併法人株式に係る譲渡損益の計算を行う必要がある（法法61の２①，措法37の10①）。

　なお，被合併法人と被合併法人の株主との間に完全支配関係がある場合には，

§3　組織再編　*161*

被合併法人の株主において株式譲渡損益を認識せずに，資本金等の額の増減項目として処理することになる（法法61の2⑰，2十六，法令8①二十二）。

4 ▎無対価の非適格合併（対価の交付を省略したと認められる場合）

(1)　被合併法人の課税関係

平成30年改正前法人税法では，対価の交付を省略したと認められる非適格合併の取扱いについて明確に規定されていなかった。

これに対応し，平成30年度税制改正では，無対価合併に係るみなし配当の規定（法法24③）により交付を受けたとみなされる合併法人株式を含めて，その時の価額により取得し，直ちに当該合併法人株式を被合併法人の株主に交付したものとして取り扱うことにより，結果的に，合併法人株式の交付を受けた場合と同額の譲渡損益が発生するように規定された（法法62①）。

このように，対価の交付を省略したと認められる非適格合併を行った場合には，合併法人株式を交付したものとして譲渡損益の計算を行うことになる。

(2)　合併法人の課税関係

平成30年度税制改正では，資産調整勘定の金額につき，資産評定が行われていた場合には，以下のイに掲げる金額からロに掲げる金額を控除することにより資産調整勘定の金額を計算することが明らかにされた（法令123の10⑮一）。また，ロの金額のほうが大きい場合には，ロに掲げる金額からイに掲げる金額を控除することにより差額負債調整勘定の金額を計算することになる。

イ．移転を受けた事業に係る営業権の資産評定による価額（独立取引営業権を除く。）

ロ．当該非適格合併等により移転を受けた事業に係る将来の債務（退職給
　与負債調整勘定または短期重要負債調整勘定を除く。）で当該内国法人
　がその履行に係る負担の引受けをしたものの額

　なお，この場合における資産評定とは，当該非適格合併の後に当該資産および負債の譲渡を受ける者，当該資産および負債を有する法人の株式もしくは出資の譲渡を受ける者その他の利害関係を有する第三者または公正な第三者が関与して行われるものをいう（法規27の16②）。

　対価の交付を省略したと認められる非適格合併に該当する事案は，合併後に，合併法人株式の譲渡または合併法人の解散が見込まれている場合であると考えられる。そのため，デューデリジェンスにより計算された金額を営業権の価額とすることが想定されており，第三者の関与と言いながらも，当事者間の合意をするに際して参考とする程度の関与でも構わないとされている（『平成30年度税制改正の解説』318頁）。

　また，極めて稀なケースであると思われるが，非適格合併により移転を受けた資産の取得価額（上記イの資産評定を行っている場合には，上記イに掲げる金額を含む。）の合計額が当該非適格合併により移転を受けた負債の額（退職給与負債調整勘定，短期重要負債調整勘定および上記ロに掲げる金額を含む。）の合計額に満たない場合には，資産調整勘定の金額および差額負債調整勘定の金額は，ないものとされている（法令123の10⑮二）。

※資産評定を行っていない場合には，法人税法62条の8第1項または3項の規定により資産
　調整勘定の金額または差額負債調整勘定の金額を計算することになる（『平成30年度税制
　改正の解説』319頁）。ただし，実務上は，資産評定を行っていない場合には，資産調整勘
　定を計上することは難しいと思われるため，なるべく資産評定を行ったほうが望ましいと
　思われる。

(3)　被合併法人の株主の課税関係

　平成30年度税制改正では，対価の交付を省略したと認められる非適格合併を

§3 組織再編 *163*

行った場合には，合併法人株式を交付したものとみなしてみなし配当の計算を行うことが明らかにされた（法法24③，所法25②）。具体的には，被合併法人が合併法人に移転をした資産の価額（資産調整勘定の金額を含む。）から合併法人に移転をした負債の価額（負債調整勘定の金額を含む。）を控除した金額により，みなし配当の計算を行うことになる（法令23⑦，所令61⑤）。

また，合併法人株式または親法人株式のいずれか一方の株式以外の資産の交付を受けていないことから，株式譲渡損益は認識されない（法法61の2②，法令119の7の2②）。

※非適格合併を行った場合には，被合併法人の株主において配当所得が発生するため，合併法人において，みなし配当の金額の20.42％に相当する源泉所得税を徴収する必要がある（所法181①，182，212③，213②二）。そして，当該源泉所得税を合併法人が負担した場合には，被合併法人の株主に対して金銭を交付したことになるため，無対価合併には該当しない。対価の交付を省略したと認められる非適格合併に該当させるためには，源泉所得税を被合併法人の株主が負担する必要があることから，被合併法人の株主から合併法人に対して，源泉所得税相当額の金銭を支払う必要があると考えられる。

5 ▌時価と異なる適格合併

⑴ 被合併法人および合併法人の課税関係

前述のように，非適格合併を行った場合において，合併比率が時価と異なる場合には，被合併法人および合併法人において寄附金または受贈益として処理される（法法62①，62の8①，法令8①五）。

これに対し，適格合併を行った場合には，被合併法人から合併法人に対して，資産および負債を被合併法人の最後事業年度終了の時の帳簿価額で引き継ぐことから，このような寄附金および受贈益の問題は生じない（法法62の2①，法令8①五，9①二，123の3①，③）。

この点につき，被合併法人および合併法人において課税関係を生じさせるために，法人税法22条2項を根拠としたとしても，「内国法人の各事業年度の所

得の金額の計算上当該事業年度の益金の額に算入すべき金額は，別段の定めが
あるものを除き，資産の販売，有償又は無償による資産の譲渡又は役務の提供，
無償による資産の譲受けその他の取引で資本等取引以外のものに係る当該事業
年度の収益の額とする。」と規定されており，適格合併に係る諸規定は，本項
における「別段の定め」に該当することから，包括的租税回避防止規定（法法
132の２）を適用しない限り，課税関係を生じさせることはできない。

　また，包括的租税回避防止規定を適用するのであれば，法人税法62条の２に
規定する適格合併における被合併法人の譲渡損益の計算が，同法62条に規定す
る非適格合併における被合併法人の譲渡損益の計算を修正する形で規定されて
いることから，適格合併に該当する場合であっても，合併法人と被合併法人と
の間における寄附金または受贈益として処理すべきであるという考え方もあり
得る。

　しかしながら，移転資産に対する支配が継続しているという理由により適格
合併として処理することから，合併比率が適正か否かという点につき，被合併
法人および合併法人における課税所得の計算には影響を与えさせるべきではな
い。なぜなら，事実認定や包括的租税回避防止規定による修正は，法人税の負
担を減少させた者（合併当事者の株主）に対して行うべきであり，法人税の負
担を減少させていない者（合併当事会社）に対して行うべきではないからであ
る。

　したがって，このような合併比率が不適正であったことによる課税上の問題
は，後述するように，株主間贈与の問題として捉え，贈与を行った株主におい
てみなし譲渡益，贈与を受けた株主において受贈益を認識させるべきであると
考えられる。

(2)　株主の課税関係

　前述のように，時価と異なる合併比率により合併を行った場合であっても，
被合併法人および合併法人における課税所得の計算には影響を与えない。その

§3　組織再編　*165*

ため，その株主における課税関係を検討する必要がある。

　すなわち，時価と異なる合併比率により合併を行った場合において，合併法人の主要株主が個人であり，かつ，被合併法人の主要株主が個人であるときに，これらの者が親族等に該当するのであれば，贈与税の問題が生じる（相基通9－2，9－4）。

　これに対し，§2で解説したように，贈与税の課税対象にならない場合（一方または双方の株主が法人である場合）において，贈与を受けた側において受贈益，贈与をした側においてみなし譲渡益を認識すべきか否かが問題となる。すなわち，受贈益を認識するためには，法人税法22条2項に規定する「無償による資産の譲受けその他の取引」に該当するか否かが問題となり，みなし譲渡益を認識するためには「無償による資産の譲渡…その他の取引」に該当するか否かが問題となる。

　しかしながら，適格合併に係る諸規定は，本項における「別段の定め」に該当することから，包括的租税回避防止規定（法法132の2）を適用しない限り，課税関係を生じさせることはできない。また，受贈益またはみなし譲渡益を認識する者が個人である場合には，所得税法において，法人税法22条に相当する規定がないことから，なおさら包括的租税回避防止規定（所法157④）によらざるを得ない。

　この点については，時価と異なる合併比率により合併を行った場合には，法人税または所得税の負担をせずに，株主間で財産的価値の移転をしていることから，法人税または所得税の負担を不当に減少させていると考えられるため，包括的租税回避防止規定を適用することは可能であると考えられる。

　したがって，適格合併の制度を濫用することにより株主間贈与が行われていると認定された場合には，包括的租税回避防止規定が適用される可能性があると考えられる。

6 ┃無対価の適格合併

　前述のように，対価の交付を省略したと認められる無対価合併を行った場合には，合併法人株式の交付を行ったものとみなして，合併の税務処理を行うべきであると考えられる。

　そのため，平成22年度税制改正，平成30年度税制改正では，法人税法61条の２第２項において，対価の交付を省略したと認められる無対価合併を行った場合には，被合併法人の株主において，被合併法人株式の譲渡損益が発生しないことが明らかにされた。さらに，対価の交付を省略したと認められる無対価合併（適格合併）を行った場合には，同法施行令119条の３第10項，119条の４第１項および所得税法施行令112条２項において，被合併法人株式の適格合併の直前の帳簿価額を合併法人株式の帳簿価額に付け替えることも明らかにされた。

7 ┃その他の税目

(1)　不動産取得税

　無対価合併を行った場合であっても，通常の合併と同様に取り扱われるので，不動産取得税は課されない（地法73の７二）。これは，法人税法上，適格合併に該当する場合であっても，非適格合併に該当する場合であっても同様である。

(2)　登録免許税

　無対価合併を行った場合であっても，通常の合併と同様に取り扱われる。そのため，登録免許税に係る軽減税率を適用することができる。

　例えば，不動産の所有権移転登記に係る登録免許税は固定資産税評価額の1,000分の４となり，通常のケースに比べ，軽減措置が認められている（登法別表第１一（二）イ）。

§3 組織再編 *167*

なお，会計上，無対価合併を行った場合には，資本金の額を増加させることができないため，合併法人における商業登記に係る登録免許税は，その最低金額（本店所在地；30,000円，支店所在地；9,000円）を支払うことになる（登免法別表第1二十四（二）イ）。

(3) 納税義務の承継

無対価合併を行った場合であっても，通常の合併と同様に取り扱われる。そのため，被合併法人の納税義務が合併法人に引き継がれる（国通法6，地法9の3）。

2 分割

1 税制適格要件の判定

　平成22年度税制改正，平成30年度税制改正により，無対価分割における税務上の取扱いが明確化された。

　まず，分割型分割と分社型分割の定義が，以下のように規定されている。

---

① 　分割型分割（法法２十二の九）

　　次に掲げる分割をいう。

　イ　分割により分割法人が交付を受ける分割対価資産（分割により分割承継法人によって交付される当該分割承継法人株式その他の資産をいう。）のすべてが当該分割の日において当該分割法人の株主に交付される場合または分割により分割対価資産のすべてが分割法人の株主に直接に交付される場合のこれらの分割

　ロ　分割対価資産がない分割（以下，「無対価分割」という。）で，その分割の直前において，分割承継法人が分割法人の発行済株式の全部を保有している場合または分割法人が分割承継法人株式を保有していない場合の当該無対価分割

② 　分社型分割（法法２十二の十）

　　次に掲げる分割をいう。

　イ　分割により分割法人が交付を受ける分割対価資産が当該分割の日において当該分割法人の株主に交付されない場合の当該分割（無対価分割を除く。）

　ロ　無対価分割で，その分割の直前において分割法人が分割承継法人株式を保有している場合（分割承継法人が分割法人の発行済株式の全部を保有している場合を除く。）の当該無対価分割

§3 組織再編 *169*

　さらに，無対価分割を行った場合における税制適格要件の判定方法も明確化され，原則として，非適格分割として取り扱うこととしながらも，以下に該当する事案に限り，税制適格要件を満たすこととされた（法令4の3⑥～⑧）。

⑴　完全支配関係内の適格分割

①　当事者間の完全支配関係がある場合

　⒤　分割型分割の場合

　　　分割承継法人が分割法人の発行済株式の全部を直接に保有している場合

　⒤⒤　分社型分割の場合

　　　分割法人が分割承継法人の発行済株式の全部を直接に保有している場合

②　同一の者による完全支配関係がある場合

　⒤　分割型分割の場合

　　イ　分割承継法人が分割法人の発行済株式の全部を直接に保有している場合

　　ロ　分割法人と分割承継法人の株主構成が同一の場合

　⒤⒤　分社型分割の場合

　　　分割法人が分割承継法人の発行済株式の全部を直接に保有している場合

⑵　支配関係内の適格分割

①　当事者間の支配関係がある場合

　⒤　分割型分割の場合

　　　分割法人と分割承継法人の株主構成が同一の場合

　⒤⒤　分社型分割の場合

　　　分割法人が分割承継法人の発行済株式の全部を直接に保有している場合

---

② 同一の者による支配関係がある場合

　(i)　分割型分割の場合

　　イ　分割承継法人が分割法人の発行済株式の全部を直接に保有している場合

　　ロ　分割法人と分割承継法人の株主構成が同一の場合

　(ii)　分社型分割の場合

　　　分割法人が分割承継法人の発行済株式の全部を直接に保有している場合

(3)　共同事業を行うための適格分割

　(i)　分割型分割の場合

　　　分割法人と分割承継法人の株主構成が同一の場合

　(ii)　分社型分割の場合

　　　分割法人が分割承継法人の発行済株式の全部を直接に保有している場合

2 ┃ 時価と異なる非適格分割

(1)　分社型分割

①　分割法人

　非適格分社型分割を行った場合には，交付を受けた分割承継法人株式の取得の時における時価に基づいて分割承継法人株式の取得価額を算定することから（法令119①二十七），分割法人にとって有利な分割比率である場合には，分割法人において受贈益が発生し，分割法人にとって不利な分割比率である場合には，分割法人において寄附金が発生することになる。

＜分割法人にとって有利な分割比率である場合＞

（株　　式）	150	（土　　地）	20
		（譲　渡　益）	80
		（受　贈　益）	50

＜分割法人にとって不利な分割比率である場合＞

（株　　式）	70	（土　　地）	20
（寄　附　金）	30	（譲　渡　益）	80

②　分割承継法人

　分割承継法人では，法人税法62条の8の適用を受ける非適格分社型分割であれば，同法施行令8条1項7号により，増加する資本金等の額が「当該分社型分割により分割法人に交付した当該法人の株式その他の資産の価額の合計額」と規定されており，非適格分社型分割により移転を受けた資産（のれんを含む）および負債の取得価額は，非適格合併と同じ処理になることから，分割承継法人にとって不利な分割比率である場合には寄附金を計上し，有利な分割比率である場合には受贈益を認識すべきであると考えられる。

　しかし，法人税法62条の8の適用を受けない非適格分社型分割の場合には，増加する資本金等の額が「当該移転資産の価額から当該移転負債の価額を減算した金額」と規定されている。そして，非適格分社型分割により移転を受ける個別資産および負債の取得価額は，非適格分社型分割の時の時価となることから，貸借が一致するため，受贈益や寄附金を認識する余地がない。

【具体例】

①　交付した分割承継法人株式の時価が150であり，分割により移転した資産の時価が100である場合

（イ）　法人税法第62条の 8 適用

（資　　　　産）	100	（資本金等の額）	150
（寄　附　金）	50		

（ロ）　法人税法第62条の 8 不適用

（資　　　　産）	100	（資本金等の額）	100

②　交付した分割承継法人株式の時価が70であり，分割により移転した資産の時価が100である場合

（イ）　法人税法第62条の 8 適用

（資　　　　産）	100	（資本金等の額）	70
		（受　贈　益）	30

（ロ）　法人税法第62条の 8 不適用

（資　　　　産）	100	（資本金等の額）	100

③　既存株主

　非適格分社型分割（法法62の 8 不適用に限る。）を行った場合において，時価と異なる価額により分割承継法人株式を交付したとしても，分割承継法人において，寄附金および受贈益は発生しない。

　したがって，租税回避に該当する場合には，分割承継法人の既存株主において，みなし譲渡益または受贈益課税を課すべきであるという議論が生じる可能性もあるため，留意が必要である。

⑵　分割型分割

　合併と同様に，時価と異なる分割比率により非適格分割型分割を行った場合には，分割法人および分割承継法人において受贈益および寄附金を認識すべきである。

　しかしながら，非適格分割型分割のうち，分割法人の分割の直前において行

§3 組織再編 *173*

う事業および当該事業に係る主要な資産または負債のおおむね全部が分割承継法人に移転するものと認められない場合には，法人税法62条の8の適用を受けない（法令123の10①）。その場合には，増加資本金等の額を分割により受け入れた資産および負債の時価純資産価額を基礎に計算を行うため（法令8①六），時価と異なる分割比率であったとしても，分割承継法人において受贈益または寄附金を認識することはできない。したがって，時価と異なる分割比率により，法人税法62条の8の適用を受けない非適格分割型分割を行った場合には，分割承継法人の株主において受贈益およびみなし譲渡益を認識すべきであると考えられる。

3 ▌無対価の非適格分割（対価の交付を省略したと認められない場合）

(1) 分社型分割

前述のように，無対価分割を行った場合において，分社型分割に該当するためには，分割の直前において，分割法人が分割承継法人株式を保有している必要がある。

したがって，分割法人が分割承継法人の発行済株式総数の90%を保有している場合において，分割法人から分割承継法人に対して無対価分割を行ったときは，分社型分割として取り扱われるものの，対価の交付を省略したとは認められないため，非適格分社型分割として処理される。

このような無対価で非適格分社型分割を行った場合には，分割法人から分割承継法人に対して交付する対価がゼロであったと考えられる。

例えば，分割事業の債務超過が100であるとすると，当該債務超過の状況にある資産および負債を0円で譲渡したことになるため，分割法人において100の譲渡益が発生することになる。これに対し，分割事業の資産超過が300であるとすると，当該資産超過の状況にある資産および負債を0円で譲渡したことになるため，分割法人において300の譲渡損が発生することになる。

なお，移転する分割事業の時価が300であるにもかかわらず，無対価分社型分割を行った場合には，分割法人において300の寄附金が発生し，分割承継法人において300の受贈益が発生することになる。

(2)　分割型分割

①　分割法人および分割承継法人における課税関係

前述のように，無対価分割を行った場合において，分割型分割に該当するためには，(i)分割承継法人が分割法人の発行済株式の全部を保有している場合，(ii)分割法人が分割承継法人株式を保有していない場合のいずれかに該当する必要があるが，(i)を行った場合には，適格分割型分割に該当する可能性が高いため（法令４の３⑥一イ），ここでは，(ii)を前提に解説を行うこととする。

無対価の分割型分割を行った場合における分割法人の取扱いは，合併の取扱いと大きく変わりはないが，分割法人が保有するすべての資産および負債が分割承継法人に移転するわけではないことから，分割法人における分割譲渡損益の計算上，分割承継法人に移転した資産および負債に対応する部分のみが譲渡原価を構成することになる。

②　分割法人の株主における課税関係

理論上，対価の交付を省略したとは認められない無対価分割型分割を行った場合には，分割法人の株主において譲渡損益を認識すべきであると考えられる。

しかしながら，法人税法61条の２第４項では，「分割承継法人の株式その他の資産の交付を受けた場合」に「当該所有株式のうち当該分割型分割により当該分割承継法人に移転した資産及び負債に対応する部分の譲渡を行つたものとみなして，第一項の規定を適用する。」と規定されていることから，譲渡損益を認識すべき分割型分割には，無対価分割は含まれていない。

さらに，同法施行令119条の３第11項，12項，119条の４第１項に規定する分割法人株式の帳簿価額を分割承継法人株式の帳簿価額に付け替えるという取扱

§3 組織再編 *175*

いも，①分割承継法人株式その他の資産が交付される分割型分割と，②対価の交付を省略したと認められる分割型分割に限られていることから，条文上，対価の交付を省略したと認められない分割型分割を行った場合には，分割法人の株主において何ら税務処理を行う必要がないと考えられる。

【分割法人の株主における仕訳】

（分割対価資産）	0	（分割法人株式）	0

　なお，分割法人の株主と分割承継法人の株主との間に株主間贈与があると認められる場合には，別途，課税関係を整理する必要がある場合もあるため，ご留意されたい。

4 ┃ 無対価の非適格分割（対価の交付を省略したと認められる場合）

　合併と同様に，無対価の非適格分割を行った場合において，対価の交付を省略したと認められるときは，分割法人では，対価を交付したものとして分割譲渡損益の計算を行い，分割承継法人では，対価を交付したものとして資産調整勘定または差額負債調整勘定の計算を行うことになる。

　さらに，無対価の非適格分割型分割を行った場合には，分割法人の株主における課税関係についても検討が必要になるが，この点についても，分割承継法人株式を交付したものとみなしてみなし配当の計算を行うことが明らかにされている（法法24③，所法25②）。なお，分割承継法人株式または親法人株式のいずれか一方の株式以外の資産の交付を受けていないことから，株式譲渡損益は認識されない（法法61の2②，法令119の7の2②）。

※非適格分割型分割を行った場合には，分割法人の株主において配当所得が発生するため，分割法人において，みなし配当の金額の20.42％に相当する源泉所得税を徴収する必要がある（所法181①，182，212③，213②二）。当該源泉所得税を分割法人が負担した場合には，分割法人の株主に対して金銭を交付したことになる。このような金銭は分割対価資産には該当しないことから，対価の交付を省略したと認められる非適格分割型分割に該当する。

5 時価と異なる適格分割

　合併と同様に，時価と異なる分割比率により適格分割型分割を行った場合には，その株主において受贈益およびみなし譲渡益を認識すべきであると考えられる。

　これに対し，時価と異なる分割比率により適格分社型分割を行った場合には，分割法人が取得をした分割承継法人株式の取得価額は，適格分社型分割の直前の移転した資産および負債の帳簿価額を基礎に算定し（法令119①七），分割承継法人で増加する資本金等の額は，分割法人の適格分社型分割の直前の移転した資産および負債の帳簿価額を基礎に算定することになる（法令8①七ニ）。

　そのため，適格分社型分割を行った場合には，時価と異なる分割比率により分割承継法人株式の交付を受けたとしても，分割法人および分割承継法人において寄附金または受贈益を生じさせる規定は存在しない。

　この点につき，分割法人または分割承継法人において課税関係を生じさせるために，法人税法22条2項を根拠としたとしても，「内国法人の各事業年度の所得の金額の計算上当該事業年度の益金の額に算入すべき金額は，別段の定めがあるものを除き，資産の販売，有償又は無償による資産の譲渡又は役務の提供，無償による資産の譲受けその他の取引で資本等取引以外のものに係る当該事業年度の収益の額とする。」と規定されており，適格分社型分割に係る諸規定は，本項における「別段の定め」に該当することから，包括的租税回避防止規定（法法132の2）を適用しない限り，課税関係を生じさせることはできない。

　また，包括的租税回避防止規定を適用するのであれば，法人税法62条の3に規定する適格分社型分割を行った場合における分割法人の譲渡損益の計算が，同法62条に規定する非適格分社型分割を行った場合における分割法人の譲渡損益の計算を修正する形で規定されていることから，適格分社型分割に該当する場合であっても，分割法人と分割承継法人との間における寄附金または受贈益として処理すべきであるという考え方もあり得る。

§3 組織再編 *177*

しかしながら，移転資産に対する支配が継続しているという理由により適格分社型分割として処理することから，分割比率が適正か否かという点につき，分割承継法人における課税所得の計算には影響を与えさせるべきではない。なぜなら，事実認定や包括的租税回避防止規定に基づく修正は，法人税の負担を減少させた者（分割法人，分割承継法人の既存株主）に対して行われるべきであり，法人税の負担を減少させていない者（分割承継法人）に対して行われるべきではないからである。

したがって，このような分割比率が不適正であったことによる課税上の問題は，分割承継法人株式を取得する分割法人と分割承継法人の既存株主との間の株主間贈与の問題として捉えるべきであると考えられる。

6 ┃無対価の適格分割

平成22年度税制改正，平成30年度税制改正では，法人税法61条の2第4項において，無対価分割型分割を行った場合には，分割法人の株主において，分割法人株式の譲渡損益が発生しないことが明らかにされた。さらに，対価の交付を省略したと認められる無対価分割型分割（適格分割型分割）を行った場合には，同法施行令119条の3第11項，12項，119条の4第1項および所得税法施行令113条1項において，分割法人株式の適格分割型分割の直前の帳簿価額のうち分割純資産対応帳簿価額を分割承継法人株式の帳簿価額に付け替えることも明らかにされた。

7 ┃ その他の税目

(1) 不動産取得税

　無対価分割を行った場合であっても，通常の分割と同様に取り扱われるので，以下の要件を満たした場合には，不動産取得税が課されないこととされている（地法73の7二，地令37の14）。

---
　① 金銭等不交付要件
　② 按分型要件（分割型分割のみ）
　③ 主要資産等引継要件
　④ 従業者従事要件
　⑤ 事業継続要件

　そして，無対価分割を行った場合であっても，金銭等不交付要件に抵触しないことから，他の要件を満たせば，不動産取得税の非課税要件を満たすことができる。これは，適格分割に該当する場合であっても，非適格分割に該当する場合であっても同様である。

(2) 登録免許税

　無対価分割を行った場合であっても，通常の分割と同様に取り扱われるため，分割により移転した不動産に対する登録免許税が課される。

　なお，会計上，無対価分割を行った場合には，資本金の額を増加させることができないため，分割承継法人における商業登記に係る登録免許税は，その最低金額（本店所在地；30,000円，支店所在地；9,000円）を支払うことになる（登免法別表第1二十四（二）イ）。

　これらの取扱いは，適格分割に該当する場合であっても，非適格分割に該当する場合であっても同様である。

§3　組織再編　　*179*

(3)　納税義務の承継

①　第二次納税義務

　無対価分割を行った場合であっても，通常の分割と同様に取り扱われる。そのため，以下のいずれかに該当した場合には，分割承継法人は分割法人の租税債務に対して，第2次納税義務が課されることになる。

（ⅰ）　事業を譲り受けた特殊関係者に該当する場合
（ⅱ）　無償または著しい低額により財産を譲り受けた場合
---

②　連帯納付責任

　無対価分割を行った場合において，以下のいずれかに該当するときは，分割型分割に該当する。

（ⅰ）　分割承継法人が分割法人の発行済株式の全部を保有している場合
（ⅱ）　分割法人が分割承継法人株式を保有していない場合

　分割型分割に該当した場合には，分割法人の租税債務に係る連帯納付責任が，分割法人から承継した財産の価額を限度として，分割承継法人に対して課されている（国通法9の3，地法10の4）。

　なお，不動産取得税の非課税要件のうち金銭等不交付要件を満たすために，無対価分割を検討することがあるが，結果として，「分割法人が分割承継法人株式を保有していない場合」に該当してしまい，分割型分割として連帯納付責任が課されるリスクがあるという点は，実務でも頻出する論点であるため，ご留意されたい。

※固定資産税は，1月1日に資産を所有している者に対して，1年分の固定資産税が課税される（地法359）。
　　これに対し，分割法人の納税義務は，分割承継法人に引き継がれず，連帯納付責任を負わされるに過ぎないことから，分割承継法人に固定資産を移転したとしても，当該固定資

180

　産に係る未経過の固定資産税を分割承継法人に移転させることはできないという点にご留
意されたい。

§ 3　組織再編　*181*

3 | 株式交換

1 | 税制適格要件の判定

　平成22年度税制改正，平成30年度税制改正により，無対価株式交換を行った場合における税制適格要件の判定方法も明確化され，原則として，非適格株式交換として取り扱うこととしながらも，以下に該当する事案に限り，税制適格要件を満たすこととされた（法令 4 の 3 ⑱〜⑳）。

⑴　完全支配関係内の適格株式交換
①　当事者間の完全支配関係がある場合
　無対価株式交換を行った場合には，完全支配関係内の適格株式交換には該当しない。
②　同一の者による完全支配関係がある場合
　株式交換完全子法人と株式交換完全親法人の株主構成が同一の場合

⑵　支配関係内の適格株式交換
　株式交換完全子法人と株式交換完全親法人の株主構成が同一の場合

⑶　共同事業を行うための適格株式交換
　株式交換完全子法人と株式交換完全親法人の株主構成が同一の場合

---

2 | 時価と異なる非適格株式交換

　非適格株式交換に該当したとしても，株式交換完全子法人の保有する資産に対する時価評価課税が課されるだけなので（法法62の 9 ），時価と異なる非適格株式交換であったとしても，株式交換完全子法人における課税所得の計算に対する影響はない。

これに対し，株式交換完全親法人が取得した株式交換完全子法人株式の取得価額は，その取得の時におけるその有価証券の取得のために通常要する価額により計算されることになる（法令119①二十七）。また，現金交付型株式交換を行った場合には，法人税法施行令8条1項10号において，株式交換により移転を受けた株式交換完全子法人株式の取得価額から株式交換完全子法人の株主に交付した金銭その他の資産の価額の合計額を減算した金額を増加資本金等の額として計算することが明らかにされている。

したがって，株式交換完全子法人株式の時価が2,000百万円である場合において，株式交換完全子法人の株主に交付した金銭等の額が500百万円であるときは，以下のように仕訳を行うことになる。

【株式交換完全親法人】

（子法人株式）	2,000百万円	（現金預金）	500百万円
		（資本金等の額）	1,500百万円

すなわち，条文を文理解釈する限り，有利な株式交換比率により株式交換完全子法人株式を取得したとしても，株式交換完全親法人では，資本金等の額の増減項目として取り扱われるに過ぎず，何ら課税関係が生じない。

そのため，時価と異なる交換比率で株式交換を行った場合には，株式交換完全親法人の株主と株式交換完全子法人の株主との間の株主間贈与の問題として捉えるべきであると考えられる。

3 無対価の非適格株式交換（対価の交付を省略したと認められない場合）

合併と同様に，株式交換完全子法人の株主において，株式交換完全子法人株式の譲渡損益を認識しない特例（法法61条の2⑨，所法57の4①）は，①株式交換完全親法人株式または親法人株式のいずれか一方の株式のみが交付された株式交換，②対価の交付を省略したと認められる無対価株式交換のいずれかに

§3 組織再編 183

対してのみ適用される。

　そのため，対価の交付を省略したと認められない無対価株式交換に対しては，本特例の適用を受けることができないため，譲渡収入を0円であるとして，株式交換完全子法人株式に係る譲渡損益の計算を行うことになる（法法61の2①，措法37の10①）。

4 ▎無対価の非適格株式交換（対価の交付を省略したと認められる場合）

　平成22年度税制改正，平成30年度税制改正により，対価の交付を省略したと認められる無対価株式交換を行った場合には，株式交換完全子法人の株主において，株式交換完全子法人株式の譲渡損益を認識せずに，株式交換完全子法人株式の株式交換の直前の帳簿価額を株式交換完全親法人株式の帳簿価額に付け替えることが明らかにされた（法法61の2⑨，所法57の4①，法令119の3⑮，119の4①，所令167の7④）。さらに，株式交換を行った場合には，みなし配当を認識する必要がない。

　したがって，対価の交付を省略したと認められる場合には，非適格株式交換に該当する場合であっても，みなし配当や株式譲渡損益を認識せず，株式交換完全子法人株式の帳簿価額を株式交換完全親法人株式の取得価額に付け替えることになる。

5 ▎時価と異なる適格株式交換

　株式交換完全親法人が，適格株式交換により株式交換完全子法人株式を取得した場合には，当該株式交換完全子法人株式の取得価額は，株式交換完全子法人の株主が保有していた株式交換完全子法人株式の適格株式交換の直前の帳簿価額に相当する金額の合計額または株式交換完全子法人の簿価純資産価額に相当する金額を基礎に計算を行うことになる（法令119①十）。なお，株式交換完全親法人の増加する資本金等の額は，株式交換により移転を受けた株式交換完

全子法人株式の取得価額（付随費用が含まれている場合には，その付随費用を控除した金額）となる（法令8①十）。

　また，時価と異なる交換比率で株式交換を行ったとしても，株式交換完全親法人において寄附金または受贈益を認識させるための規定は存在しない。法人税法22条2項を根拠にしようとしても，「内国法人の各事業年度の所得の金額の計算上当該事業年度の益金の額に算入すべき金額は，別段の定めがあるものを除き，資産の販売，有償又は無償による資産の譲渡又は役務の提供，無償による資産の譲受けその他の取引で資本等取引以外のものに係る当該事業年度の収益の額とする。」と規定されており，適格株式交換に係る諸規定は，本項における「別段の定め」に該当することから，株式交換完全親法人において課税関係を生じさせることはできない。そのため，包括的租税回避防止規定（法法132の2）を適用しない限り，課税関係を生じさせることはできないと考えられる。

　この点につき，§2で解説したように，第三者割当増資における有利発行，高額引受けを行った場合において，発行法人において寄附金または受贈益を認識させるべきではないことを考えると，このような交換比率が不適正であったことによる課税上の問題を株主間贈与の問題として捉え，株式交換完全親法人の株主にとって有利な交換比率である場合には，株式交換完全子法人の株主においてみなし譲渡益，株式交換完全親法人の株主において受贈益を認識させるべきであると考えられる。

　事実認定や包括的租税回避防止規定に基づく修正は，あくまでも法人税の負担を不当に減少させた事実関係がある者（株式交換完全親法人の株主，株式交換完全子法人の株主）に限って行われるべきであり，法人税の負担を減少させた事実関係のない者（株式交換完全親法人）に対して，安易に課税所得の修正を要求すべきではないと考えられる。

§3 組織再編 185

6 ▌無対価の適格株式交換

　平成22年度税制改正，平成30年度税制改正では，法人税法61条の２第９項および所得税法57条の４第１項において，対価の交付を省略したと認められる無対価株式交換を行った場合には，株式交換完全子法人の株主において，株式交換完全子法人株式の譲渡損益が発生しないことが明らかにされるとともに，法人税法施行令119条の３第15項，119条の４第１項および所得税法施行令167条の７第４項において，株式交換完全子法人株式の株式交換の直前の帳簿価額を株式交換完全親法人株式の帳簿価額に付け替えることが明らかにされた。また，株式交換を行った場合には，みなし配当を認識する必要はない。

　したがって，無対価の適格株式交換を行った場合には，みなし配当や株式譲渡損益を認識せず，株式交換完全子法人株式の帳簿価額を株式交換完全親法人株式の取得価額に付け替えることになる。

7 ▌その他の税目

　無対価株式交換を行った場合における特殊な論点としては，消費税と第二次納税義務が挙げられる。

　まず，対価を交付する株式交換を行った場合には，株式交換完全子法人の株主が株式交換完全子法人株式を譲渡したものとして非課税売上げの計算を行う必要があるが，無対価株式交換を行った場合には，対価を得て行われる取引に該当しないことから，非課税売上げは生じない。

　また，株式交換完全子法人の株主にとっては，株式交換という行為は，株式交換完全子法人株式の譲渡に過ぎないことから，無対価株式交換を行った場合には，「無償または著しい低額により財産を譲り受けた場合」に該当するものとして，株式交換完全親法人において，株式交換完全子法人の株主における租税債務に対して第二次納税義務が課される可能性がある。

4 スクイーズアウト

1 税制適格要件の判定

　法人税法施行令 4 条の 3 第18項で規定されている無対価株式交換には，スクイーズアウトは含まれておらず，同条第19項では，「当該株式交換等が無対価株式交換である場合にあつては」と規定されており，「当該株式交換等が無対価株式交換等である場合にあつては」とは規定されていない。すなわち，税制適格要件に抵触する無対価組織再編には，無対価スクイーズアウトは含まれていないと考えられる。

　したがって，無対価スクイーズアウトを行った場合であっても，従業者従事要件および事業継続要件を満たすことができれば，税制適格要件を満たすことができると考えられる。

※株式等売渡請求の手法を用いた場合には，売渡株主等との間で売買契約の成立と同種の法律関係が生じるものとされているのに対し，無対価でスクイーズアウトを行ってしまうと，売買ではなく，贈与になってしまうことから，無対価スクイーズアウトを行うことはできないとする見解もある（代宗剛『Ｑ＆Ａ株式・組織再編の実務 1 －キャッシュ・アウト制度を中心に』16頁（商事法務，平成27年）参照）。

2 時価と異なるスクイーズアウト

　株式交換と異なり，スクイーズアウトを行った場合には，株式交換等完全親法人において資本金等の額は増減しないことから，株式交換等完全親法人としては，通常の株式購入と同様の仕訳を行うことになる。

　そのため，時価と異なる価額でスクイーズアウトを行った場合には，株式交換等完全親法人，株式交換等完全子法人の株主において，それぞれ寄附金，受贈益の問題が生じることになる。

§3 組織再編 *187*

5　こんな場合どうなる？　Q＆A

Q3-1　少数株主の排除と適格合併

> 弊社（以下，「P社」という。）を合併法人とし，P社が発行済株式総数の100分の95を直接に保有するA社を被合併法人とする吸収合併を予定しています。
>
> しかし，合併によりP社株式を交付したくないため，①無対価合併，②現金交付型合併，③株式を取得した後の合併を検討しています。なお，A社は実質債務超過であることから，A社株式の時価は０円です。
>
> このような場合には，税制適格要件を満たすことができるのでしょうか。

A..

　無対価合併を行った場合には適格合併には該当しませんが，現金交付型合併，株式を取得した後の合併を行った場合には適格合併に該当する可能性があります。

解　説..

(1)　無対価合併

　被合併法人が債務超過であることから，株主間贈与を避けるために，無対価合併を検討するかもしれません。しかし，合併法人株式を交付した場合には，当該少数株主に対して合併法人株式が交付されることから，少数株主を排除するために無対価合併を行った場合には，対価の交付を省略したとは認められません。

　そのため，無対価合併を行った場合には，非適格合併に該当してしまいます。

【無対価合併】

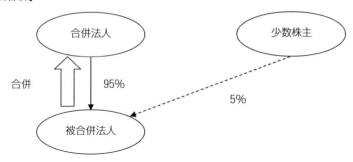

(2) 株式交付型合併

　それでは，少数の合併法人株式だけを交付する手法はどうでしょうか。これであれば，合併法人が被合併法人の発行済株式総数の50％超を保有している場合には，金銭等不交付要件，従業者従事要件および事業継続要件を満たせば，適格合併に該当します。
　しかし，この手法は，以下の問題があるため，あまり好まれていません。
　① 被合併法人の少数株主が合併法人に残ってしまう。
　② 少額とはいえ，合併法人株式を交付することから，株主間贈与の金額を算定する必要がある。

【株式交付型合併】

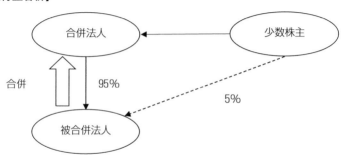

(3) 現金交付型合併

それでは，少額の金銭を交付する手法はどうでしょうか。平成29年度税制改正により，合併法人が被合併法人の発行済株式総数の3分の2以上を直接に保有している場合には，少数株主に対して交付した対価が金銭等不交付要件の対象から除外されました。

そのため，合併法人が被合併法人の発行済株式総数の3分の2以上を直接に保有する関係を築いた後に現金交付型合併を行った場合において，従業者従事要件および事業継続要件を満たすときは，適格合併により，少数株主を締め出すことが可能になります。

【現金交付型合併】

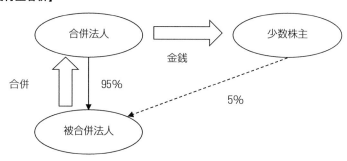

※少数株主が所在不明である場合には，金銭を交付することができないため，所在不明株主が現れたら支払えるように準備をしておくものの，最終的には時効が成立し，債務免除益が計上されることが多いと思われます。しかし，債務免除益が計上されたとしても，そもそも交付すべき金銭が少額であれば，益金の額に算入される金額も少額になるため，実務上，支障がないことがほとんどです。

【補足】

適格合併により，被合併法人の資産および負債を引き継いだ場合には，被合併法人の資産および負債を帳簿価額で引き継ぐだけでなく（法法62の2①，法令123の3③），資本金等の額および利益積立金額も帳簿価額で引き継ぎます（法令8①五，9①二）。そして，合併法人が保有していた被合併法人株式の帳

簿価額は，資本金等の額から減算させます。

さらに，現金交付型合併を行った場合には，合併により引き継ぐ資本金等の額の減算要因として処理されます。そのため，被合併法人の資本金等の額が100であり，合併法人が保有している被合併法人株式の帳簿価額が10であり，合併により交付した金銭の額が1である場合には，合併により増加する資本金等の額は89になります。

【合併受入仕訳】
① 資産および負債の引継ぎ

（純　　資　　産）	300	（資本金等の額）	99
		（現　金　預　金）	1
		（利益積立金額）	200

② 抱き合わせ株式の消却

（資本金等の額）	10	（被合併法人株式）	10

⑷ 合併直前における株式の取得

合併の直前に，合併法人が被合併法人の発行済株式の全部を保有している場合には，金銭等不交付要件を満たせば，完全支配関係内の適格合併に該当します（法法2十二の八イ）。これは，合併の直前に被合併法人の発行済株式の全部を取得することによって，完全支配関係が生じた場合であっても同様です。そのため，被合併法人株式の全部を取得してから合併を行う場合には，容易に完全支配関係内の適格合併に該当させることができます。

さらに，金銭等不交付要件は，合併により被合併法人の株主に交付された金銭に対して課されています。そのため，合併前に被合併法人株式を購入することにより金銭を交付したとしても，合併により金銭を交付しているわけではないことから，金銭等不交付要件には抵触しません。

【合併前に，合併法人が被合併法人の発行済株式の全部を備忘価額で取得する手法】

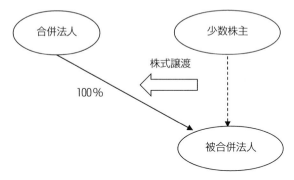

Q3-2　債務超過会社の適格合併

> 弊社（以下，「A社」という。）を合併法人とし，A社が発行済株式の全部を保有するB社を被合併法人とする適格合併を予定しています。
> 　B社は債務超過会社に該当しますが，このような債務超過会社を被合併法人とする適格合併を行った場合であっても，被合併法人において，譲渡損益，債務免除益は生じないという理解でよいでしょうか。

A

　被合併法人が債務超過であったとしても，被合併法人において譲渡損益，債務免除益は生じません。

解説

　実務上，グループ会社が債務超過である場合に，当該グループ会社を被合併法人とする吸収合併（救済合併）を検討することが多いと考えられます。そのため，このような救済合併を行った場合には，合併法人から被合併法人に対する実質的な債権放棄や債務引受けがあったものとして取り扱うべきであるよう

にも思えます。

　しかし，法人税法上，マイナスの利益積立金額の存在は認められており（法令9①一），法人税法施行令9条1項2号の規定を読めば，被合併法人の最後事業年度における利益積立金額をそのまま合併法人の利益積立金額として引き継ぐこととされており，法人税法および同法施行令には，合併法人において寄附金，被合併法人において債務免除益を計上すべき規定は存在しません。

　すなわち，債務超過会社を被合併法人とする適格合併を行ったとしても，単純にマイナスの利益積立金額を合併法人に引き継ぐだけであり，被合併法人において債務免除益は生じません。なぜなら，合併法人が被合併法人に対する救済合併を行ったという事実とは関係なく，合併法人が被合併法人から債務を引き継いだ後に，合併法人において債権（貸付金）と債務（借入金）が混同により消滅することから，民法上，被合併法人において債務が消滅するわけではないからです（民法520）。

【合併法人の仕訳（債務超過会社との適格合併）】

イ．適格合併による借入金の引継ぎ

（資　　　　産）	50	（借　入　金）	100
（利益積立金額）	80	（資本金等の額）	30

ロ．混同による消滅

（借　入　金）	100	（貸　付　金）	100

※合併法人が被合併法人に対する債権を券面額未満で購入している場合，例えば，券面額が100であり，購入価額が10である場合には，民法上，債権と債務が混同により消滅し，債務100と債権10が相殺されることから，差額の90について，債務消滅益が計上されます。この場合には，債務消滅益は，被合併法人ではなく，合併法人で計上されます。

【著者略歴】

佐藤　信祐 (さとう　しんすけ)

公認会計士，税理士，博士（法学）
公認会計士・税理士　佐藤信祐事務所所長
平成11年 朝日監査法人（現有限責任あずさ監査法人）入社
平成13年 公認会計士登録，勝島敏明税理士事務所（現デロイトトーマツ税理士法人）入所
平成17年 税理士登録，公認会計士・税理士佐藤信祐事務所開業
平成29年 慶應義塾大学大学院法学研究科後期博士課程修了（博士（法学））

無対価組織再編・資本等取引の税務

2019年 7 月15日　第 1 版第 1 刷発行
2025年 3 月15日　第 1 版第 5 刷発行

著 者	佐 藤 信 祐	
発行者	山 本 継	
発行所	㈱中 央 経 済 社	
発売元	㈱中央経済グループ パ ブ リ ッ シ ン グ	

〒101-0051　東京都千代田区神田神保町1-35
電　話　03 (3293) 3371 (編集代表)
　　　　03 (3293) 3381 (営業代表)
https://www.chuokeizai.co.jp
製版／㈱堀内印刷所
印刷・製本／㈱デジタルパブリッシングサービス

© 2019
Printed in Japan

＊頁の「欠落」や「順序違い」などがありましたらお取り替えいた
しますので発売元までご送付ください。（送料小社負担）

ISBN978-4-502-31471-1　C3034

JCOPY〈出版者著作権管理機構委託出版物〉本書を無断で複写複製（コピー）することは,
著作権法上の例外を除き，禁じられています。本書をコピーされる場合は事前に出版者
著作権管理機構（JCOPY）の許諾を受けてください。
　JCOPY〈https://www.jcopy.or.jp　e メール：info@jcopy.or.jp〉

●実務・受験に愛用されている読みやすく正確な内容のロングセラー！

定評ある税の法規・通達集 シリーズ

所得税法規集
日本税理士会連合会 編
中央経済社

❶所得税法 ❷同施行令・同施行規則・同関係告示 ❸租税特別措置法(抄) ❹同施行令・同施行規則・同関係告示(抄) ❺震災特例法・同施行令・同施行規則(抄) ❻復興特別所得税に関する政令・同省令 ❼災害減免法・同施行令(抄) ❽国外送金等調書提出法・同施行令・同施行規則・同関係告示

所得税取扱通達集
日本税理士会連合会 編
中央経済社

❶所得税取扱通達(基本通達／個別通達) ❷租税特別措置法関係通達 ❸国外送金等調書提出法関係通達 ❹災害減免法関係通達 ❺震災特例法関係通達 ❻索引

法人税法規集
日本税理士会連合会 編
中央経済社

❶法人税法 ❷同施行令・同施行規則・法人税申告書一覧表 ❸減価償却耐用年数省令 ❹法人税法関係告示 ❺地方法人税法・同施行令・同施行規則 ❻租税特別措置法(抄) ❼同施行令・同施行規則・同関係告示 ❽震災特例法・同施行令・同施行規則(抄) ❾復興財源確保法(抄) ❿復興特別法人税に関する政令・同省令 ⓫租特透明化法・同施行令・同施行規則

法人税取扱通達集
日本税理士会連合会 編
中央経済社

❶法人税取扱通達(基本通達／個別通達) ❷租税特別措置法関係通達(法人税編) ❸連結納税基本通達 ❹租税特別措置法関係通達(連結納税編) ❺減価償却耐用年数省令 ❻機械装置の細目と個別年数 ❼耐用年数の適用等に関する取扱通達 ❽震災特例法関係通達 ❾復興特別法人税関係通達 ❿索引

相続税法規通達集
日本税理士会連合会 編
中央経済社

❶相続税法 ❷同施行令・同施行規則・同関係告示 ❸土地評価審議会令・同省令 ❹相続税法基本通達 ❺財産評価基本通達 ❻相続税法関係個別通達 ❼租税特別措置法(抄) ❽同施行令・同施行規則(抄)・同関係告示 ❾租税特別措置法(相続税法の特例)関係通達 ❿震災特例法・同施行令・同施行規則(抄)・同関係告示 ⓫震災特例法関係通達 ⓬災害減免法・同施行令(抄) ⓭国外送金等調書提出法・同施行令・同施行規則・同関係通達 ⓮民法(抄)

国税通則・徴収法規集
日本税理士会連合会 編
中央経済社

❶国税通則法 ❷同施行令・同施行規則・同関係告示 ❸同関係通達 ❹租税特別措置法・同施行令・同施行規則(抄) ❺国税徴収法 ❻同施行令・同施行規則 ❼滞調法・同施行令・同施行規則 ❽税理士法・同施行令・同施行規則・同関係告示 ❾電子帳簿保存法・同施行規則・同関係告示・同関係通達 ❿行政手続オンライン化法・同国税関係法令に関する省令・同関係告示 ⓫行政手続法 ⓬行政不服審査法 ⓭行政事件訴訟法(抄) ⓮組織的犯罪処罰法(抄) ⓯没収保全と滞納処分との調整令 ⓰犯罪収益規則(抄) ⓱麻薬特例法(抄)

消費税法規通達集
日本税理士会連合会 編
中央経済社

❶消費税法 ❷同別表第三等に関する法令 ❸同施行令・同施行規則・同関係告示 ❹消費税法基本通達 ❺消費税申告書様式等 ❻消費税法等関係取扱通達等 ❼租税特別措置法(抄) ❽同施行令・同施行規則(抄)・同関係通達 ❾消費税転嫁対策法・同ガイドライン ❿震災特例法・同施行令(抄)・同関係告示 ⓫震災特例法関係通達 ⓬税制改革法等 ⓭地方税法(抄) ⓮同施行令・同施行規則(抄) ⓯所得税・法人税政省令(抄) ⓰輸徴法令 ⓱関税法令(抄) ⓲関税定率法令(抄)

登録免許税・印紙税法規集
日本税理士会連合会 編
中央経済社

❶登録免許税法 ❷同施行令・同施行規則 ❸租税特別措置法・同施行令・同施行規則(抄) ❹震災特例法・同施行令・同施行規則(抄) ❺印紙税法 ❻同施行令・同施行規則 ❼印紙税法基本通達 ❽租税特別措置法・同施行令・同施行規則(抄) ❾印紙税額一覧表 ❿震災特例法・同施行令・同施行規則(抄) ⓫震災特例法関係通達等

中央経済社